VERTPRATIQUE

Vert Pratique

MON POTAGER
Comment avoir une production saine tout au long de l'année ?

Textes : Domenico Cattaneo Vicini
Traduction des textes : Evelyne Maître
Révision des textes : Mimma Pallavicini
Rédaction et adaptation : Marzia Camarda (Verba Volant)
Mise en page : Verba Volant - Torino
Photo de couverture : Shutterstock Images
Photos à l'intérieur : Archivio Gribaudo, Marco Bagnasco, Ferruccio Carassale, Paolo Cottini, Stefano Dulevant, Mimma Pallavicini, Guido Sirtori, Tiziano Terzoli
Illustrations : Mario Stoppele

Rédaction Edizioni GRIBAUDO
Via Garofoli, 262 - San Giovanni Lupatoto (VR)
tel. 045 6152479 - fax 045 6152440
e-mail : redazione@gribaudo.it

Coordination initiatives spéciales : Massimo Pellegrino
Coordination éditoriale : Franco Busti
Direction éditoriale : Laura Rapelli
Direction graphique : Monica Priante
Projet graphique couverture et intérieur : Meri Salvadori
Photolyte et pré-impression : Federico Cavallon, Fabio Compri
Secrétariat de rédaction : Daniela Albertini

Imprimé par : Grafiche Busti srl (Colognola ai Colli - VR)

Via Natale Battaglia, 12 - Milano
e-mail : info@gribaudo.it
www.edizionigribaudo.it

Première édition 2010 [3(Me)] 978-88-5800-013-7

Domenico Cattaneo Vicini

MON
POTAGER

VERTPRATIQUE

Comment avoir
une production saine
tout au long de l'année ?

GRIBAUDO

Sommaire

Mode d'emploi de ce volume

Noms des plantes et conventions

Les fiches consacrées aux plantes sont rangées par ordre alphabétique suivant leur nom : pour éviter tout malentendu, nous avons préféré employer les dénominations communes, mais nous avons voulu reporter également le nom latin, généralement utilisé pour indiquer, de façon indubitable, une espèce déterminée. Dans le cas des plantes « apprivoisées » par l'homme, une même espèce naturelle est à l'origine, après des centaines ou des milliers d'années de sélection artificielle, de formes (variété, cultivar) tellement différentes, qu'elles semblent véritablement être des espèces diverses. Prenons par exemple la laitue : tout le monde est capable de distinguer les différentes variétés de laitue, telles que la frisée, la romaine ou la laitue pommée dite iceberg ; cependant, elles appartiennent toutes à la même espèce, dont le nom latin est *Lactuca sativa*.

Différentes variétés de Lactuca sativa *dans le même coin du potager.*

Créer un potager, l'observer pendant son évolution au jour le jour, jusqu'au moment de la récolte des fruits de son propre travail, est une source de satisfaction pour diverses raisons : non seulement nous savons ce que nous mettons dans notre assiette, mais nous avons également l'occasion de passer quelques heures de détente dans la nature, et de le faire de la meilleure façon qui soit, sans utiliser de produits chimiques.

▪ Pour tous ceux qui possèdent même seulement quelques mètres carrés de potager, il est possible d'obtenir des légumes presque en autosuffisance, avec simplicité et avec des méthodes naturelles. Ce guide a été réalisé dans le but d'offrir toutes les notions (de base jusqu'aux petites suggestions) pour permettre à n'importe qui de réaliser un potager.

Illustrations et tableaux

Photographies, dessins, schémas et tableaux facilitent l'approche du texte et la compréhension des arguments techniques

22 Mon potager

L'ABC pour bien cultiver son potager 23

Rotation par famille

Exemple de rotation sur un même rang de légumes appartenant à différentes familles.

LÉGUMINEUSES	CRUCIFÈRES	SOLANACÉES
1 POIS CHICHE, HARICOT, FÈVE, LUPIN	2 BROCOLI, CHOU-FLEUR, NAVET, RADIS, CHOU	3 AUBERGINE, POMME DE TERRE, POIVRON, TOMATE
LILIACÉES 8 AIL, ASPERGE, OIGNON, POIREAU		OMBELLIFÈRES 4 CAROTTE, FENOUIL, PERSIL, CÉLERI
7 PASTÈQUE, CONCOMBRE, MELON, COURGE, COURGETTE	6 ARTICHAUT, CHARDON, CHICORÉE, ENDIVE, LAITUE	5 BETTERAVE, BETTE, ÉPINARD
CUCURBITACÉES	COMPOSÉES	CHENOPODIACÉES

EN FACE : *La pratique de l'alternance offre parmi d'autres l'avantage de limiter les coûts pour l'achat d'engrais et de pesticides, en garantissant une*

Organiser les rotations

Le type de climat et de sol, la quantité d'eau à disposition et les habitudes que chaque horticulteur adopte, déterminent la solution spécifique la plus appropriée.

stratégie, on devra **diviser le potager** en autant de parcelles hypothétiques (rangées ou plates-bandes) que d'années de rotation, avant qu'un légume ne retourne dans la même parcelle. Si l'on choisit une rotation pour quatre années, par exemple, le potager sera divisé en quatre parcelles de dimensions égales, obtenues avec deux chemins qui se croisent.

• Des rotations de longue durée (4-8 années) produisent en général les meilleurs résultats. Ensuite il est important d'y introduire des **légumineuses**, puisque ces plantes possèdent des propriétés fertilisantes très prononcées.

• Il est convenable de commencer la culture avec l'ensemencement d'une légumineuse, pour passer ensuite à une plante ayant de grandes exigences métaboliques (qui bénéficie des résidus laissés par la fertilité de la culture précédente), suivie par une autre ayant des exigences métaboliques intermédiaires et, enfin, d'une autre peu exigeante, pour ensuite recommencer depuis le début.

• Enfin, on peut également alterner entre elles, des plantes appartenant à des **familles différentes**. Ainsi, après une légu-

fère, ensuite une solanacée, une ombellifère et ainsi de suite.

• Un autre critère consiste à mettre dans l'ordre les cultures en fonction **de celles qui sont les plus utilisées** : on commence par les plantes dont on se sert des fruits ou des graines (pastèque, concombre, fève, aubergine, melon, poivron, pois, tomate, etc.), ensuite suivent celles à fleur (brocoli, artichaut, herbes aromatiques, safran, etc.), ensuite celles à feuille (choux, fenouil, endive, laitue, persil, épinard, etc.) et enfin celles à racine (ail, carotte, oignon, pomme de terre, poireau, radis, etc.).

Jamais a la même place !

Même si l'on ne pratique pas la rotation, on doit se rappeler qu'il existe des plantes qui ne seront jamais cultivées plus d'un an dans le même sol : ail, asperge, artichaut, chardon, carotte, chou-fleur, chou, concombre, pastèque, haricot, laitue, melon, pomme de terre, poivron, pois, persil, céleri, épinard, courge.

• Pour certaines d'entre elles, cependant, il suffit d'une simple alternance avec une autre culture, comme il est suggéré dans le tableau des rotations, pouvant être cultivée au cours de la même année, pour rétablir une bonne tolérance. Pour les autres, par contre, il faut attendre quelques années.

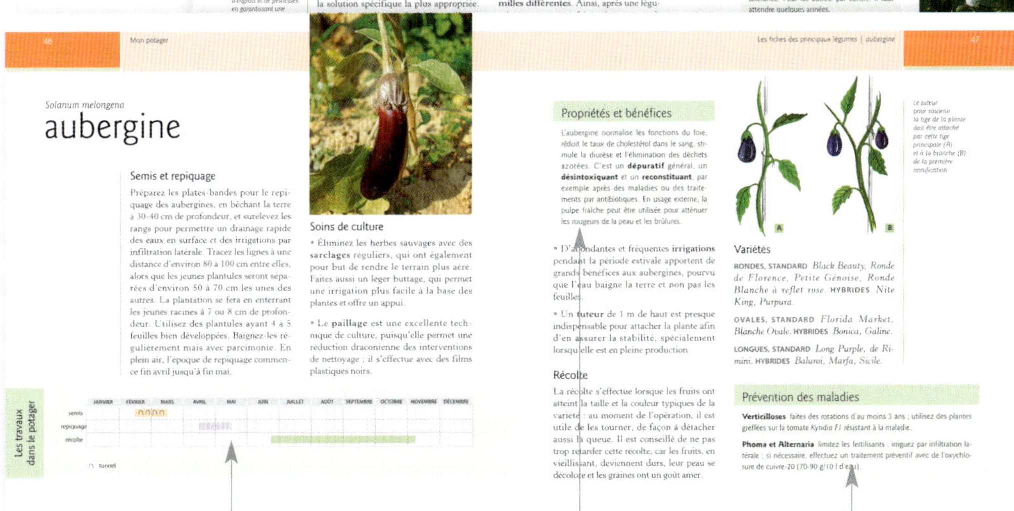

46 Mon potager

Les fiches des principaux légumes | *aubergine* 47

Solanum melongena

aubergine

Semis et repiquage

Préparez les plates-bandes pour le repiquage des aubergines, en bêchant la terre à 30-40 cm de profondeur, et surelevez les rangs pour permettre un drainage rapide des eaux en surface et des irrigations par infiltration latérale. Tracez les lignes à une distance d'environ 80 à 100 cm entre elles, alors que les jeunes plantules seront séparées d'environ 50 à 70 cm les unes des autres. La plantation se fera en enterrant les jeunes racines à 7 ou 8 cm de profondeur. Utilisez des plantules ayant 4 à 5 feuilles bien développées. Baignez-les régulièrement mais avec parcimonie. En plein air, l'époque de repiquage commence fin avril jusqu'à fin mai.

Soins de culture

• Éliminez les herbes sauvages avec des **sarclages** réguliers, qui ont également pour but de rendre le terrain plus aéré. Faites aussi un léger buttage, qui permet une irrigation plus facile à la base des plantes et offre un appui.

• Le **paillage** est une excellente technique de culture, puisqu'elle permet une réduction draconienne des interventions de nettoyage ; il s'effectue avec des films plastiques noirs.

Les travaux dans le potager

	JANVIER	FÉVRIER	MARS	AVRIL	MAI	JUIN	JUILLET	AOÛT	SEPTEMBRE	OCTOBRE	NOVEMBRE	DÉCEMBRE
semis												
repiquage												
récolte												

∩ tunnel

Propriétés et bénéfices

L'aubergine normalise les fonctions du foie, réduit le taux de cholestérol dans le sang, stimule la diurèse et l'élimination des déchets azotées. C'est un **dépuratif** général, un **désintoxiquant** et un **reconstituant**, par exemple après des maladies ou des traitements par antibiotiques. En usage externe, la pulpe fraîche peut être utilisée pour atténuer les rougeurs de la peau et les brûlures.

• D'abondantes et fréquentes **irrigations** pendant la période estivale apportent de grands bénéfices aux aubergines, pourvu que l'eau baigne la terre et non pas les feuilles.

• Un **tuteur** de 1 m de haut est presque indispensable pour attacher la plante afin d'en assurer la stabilité, spécialement lorsqu'elle est en pleine production.

Récolte

La récolte s'effectue lorsque les fruits ont atteint la taille et la couleur typiques de la variété : au moment de l'opération, il est utile de les tourner, de façon à détacher aussi la queue. Il est conseillé de ne pas trop retarder cette récolte, car les fruits, en vieillissant, deviennent durs, leur peau se décolore et les graines ont un goût amer.

A B

Le tuteur pour soutenir la tige de la plante doit être attaché par cette tige principale (A) et à la branche (B) de la première ramification

Variétés

RONDES, STANDARD *Black Beauty, Ronde de Florence, Petite Génoise, Ronde Blanche à reflet rose.* HYBRIDES *Nite King, Purpura.*

OVALES, STANDARD *Florida Market, Blanche Ovale.* HYBRIDES *Bonica, Galine.*

LONGUES, STANDARD *Long Purple, de Rimini.* HYBRIDES *Baluroi, Marfa, Sicile.*

Prévention des maladies

Verticilloses faites des rotations d'au moins 3 ans ; utilisez des plantes greffées sur la tomate *Kyndia F1* résistant à la maladie.

Phoma et Alternaria limitez les fertilisants ; irriguez par infiltration latérale ; si nécessaire, effectuez un traitement préventif avec de l'oxychlorure de cuivre-20 (70-90 g/10 l d'eau).

Calendrier

L'ensemencement, les repiquages et les récoltes de nombreux légumes sont visualisés sur un calendrier très pratique

Conseils

Sur les propriétés thérapeutiques et sur les bienfaits nutritionnels de chaque légume

Maladies et prévention

Pour chaque légume, des techniques préventives sont conseillées afin d'éviter la formation d'éventuelles adversités

L'ABC pour bien cultiver son potager

C'est une pratique de plus en plus répandue, que de réserver un coin du jardin ou de la terrasse à la culture des légumes. C'est peut-être l'envie de retrouver un rapport avec la nature : ce n'est certainement pas uniquement pour résoudre les problèmes de la vie chère ! Comme on l'aura compris, l'approche ne se limite pas à une simple installation et à la récolte, mais elle demande un engagement passionné et continu, qui ne connaît pas de pause, mais qui est source de grandes satisfactions.

L'équipement de base

On aura besoin d'outils maniables, fonctionnels et robustes, qui pourront durer longtemps, avec un simple entretien.

▪ Une **bêche** (choisissez un modèle traditionnel, répandu dans votre région), une **pioche**, un **râteau** en fer, une **pelle** et une paire de **ciseaux**, sont tous les outils qui vous serviront. De plus, vous ne devrez pas oublier un **arrosoir** avec une pomme fine destinée aux semis et aux jeunes plantules, un **tube d'irrigation**, des **tuteurs** pour la végétation des grandes plantes (telles que les tomates), et des **ficelles** de raphia ou de plastique.

▪ D'autres accessoires pourront également se révéler utiles : le **tuyau percé** ou **poreux** pour irriguer la terre à la base des légumes, le **voile d'hivernage en tissu** pour protéger les cultures précoces ou tardives et la **serre à tunnel**, pour cultiver les primeurs.

EN FACE : *disposer d'un potager permet d'apporter à table des légumes frais et sûrs. Pour sa culture, on a besoin de peu d'outils, de quelques indications de base et de beaucoup de passion.*

Le sol et sa fertilité

Les terres agricoles sont le résultat de la désagrégation des roches, soit par des phénomènes de type physique, chimique et biologique, soit par l'intervention de l'homme pour les adapter à la culture des plantes. Quel que soit le type de sol sur lequel vous vous apprêtez à cultiver votre potager, il serait important d'apprendre quelques notions de base. La partie introductive de cette enthousiasmante activité est certainement la plus ennuyeuse, mais on ne peut pas s'en passer.

Cultivons biologique

Distribution d'insectes prédateurs pour lutter contre les parasites.

En résumé, l'horticulture biologique, c'est cet ensemble de techniques qui permettent de cultiver les légumes, sans avoir recours aux produits de l'industrie chimique : des substances souvent polluantes et peu respectueuses des équilibres environnementaux et nutritionnels, comme les désherbants, les insecticides, les fongicides et les fertilisants chimiques. Pour la mettre en pratique, la tradition, la nature et la science nous viennent en aide : il faut observer les techniques de culture adoptées par les paysans les plus âgés, mais surtout connaître et respecter les lois naturelles : voyons-les.

- Il faut **affiner les mottes**, en les cassant et en les répartissant avec le râteau, et **fertiliser** en travaillant le sol en surface, en l'enrichissant d'engrais organiques.
- Pour contrôler les mauvaises herbes, il convient d'utiliser la **rotation**, l'**engrais vert**, le **paillage** et d'autres techniques mécaniques, au lieu d'employer des désherbants de nature chimique.
- Même pour **se défendre** contre les insectes parasites et les maladies fongiques, au lieu de produits chimiques, on peut utiliser des techniques biologiques ou mécaniques qui respectent l'environnement.

Préparer le sol pour accueillir les légumes

Dans tous les types de sol, l'opération la plus importante est le **bêchage**, c'est-à-dire la rupture des blocs de la couche superficielle : on la retourne sur elle-même et on la laisse reposer pendant quelques temps, de sorte que l'air circule entre les particules de terre. En général, il suffit de creuser à 25-35 cm, un peu plus dans les terrains argileux. Cela suffit dans le cas des légumes, qui ont des racines superficielles ; au-delà, la couche de terre non fertile se retrouverait en surface. Un terrain bien travaillé et bien structuré contient, par rapport à un autre non travaillé, un plus grand nombre de micro-organismes utiles à la fertilité du sol.

Composition du sol

Selon la composition, un sol peut être classé pierreux, sableux, argileux ou de texture moyenne. Ce dernier est le plus approprié pour la culture, parce qu'il contient des particules de différentes grosseurs, en proportion équilibrée.

TYPE	CARACTÉRISTIQUES
GRAVIER	Ø > 2 mm
SABLE FIN	Ø de 0,2 à 0,02 mm
LIMON	Ø de 0,02 à 0,002 mm
ARGILE	Ø < 0,002 mm

Selon certains spécialistes, cependant, des bêchages trop fréquents et trop profonds « déstabilisent » le sol et l'empêchent de retrouver un juste équilibre.

Quand bêcher ?

Dans les **terrains argileux**, il est recommandé de bêcher avant l'hiver. Dans les **terrains friables**, riches en humus, avec une bonne structure et pas trop infestés par les mauvaises herbes, un travail printanier superficiel est suffisant, éventuellement exécuté avec la fourche, au lieu d'utiliser la bêche. La même chose est valable pour les **sols sableux** et mous.

▪ Le sol doit toujours être travaillé au bon moment : jamais lorsqu'il est trop humide ou trop sec et, s'il a plutôt tendance à être limoneux, pas trop avant l'époque des semis. En horticulture, on dit que la terre doit être « détrempée » ; si l'on ne suit pas cette règle, elle se révèlera facilement inappropriée à la culture.

Rétablissement des sols

Ce sont des substances naturelles ou synthétiques que l'on ajoute à la terre, pour **en améliorer les propriétés** et les caractéristiques, en la rendant plus appropriée aux besoins spécifiques des légumes. Ce sont des correcteurs, par exemple, le sable dans les terrains trop compacts et humides, et le compost dans ceux qui sont trop sableux, dans lesquels les éléments nutritifs seraient rapidement délavés par les arrosages.

Travaux en profondeur : quand les réaliser ?

- Lorsque l'on doit **nettoyer le sol** des cailloux et des racines épaisses, typiques de certaines mauvaises herbes, comme le pissenlit.
- Lorsqu'il est nécessaire d'**enterrer le fumier.**
- Lorsque l'on veut faciliter l'action des gelées sur les mottes de terre dans les terrains argileux, durs et compacts.
- Lorsqu'il faut lutter contre les **infestations de rongeurs**.

Comment rétablir la fertilité?

Les terres agricoles ne sont pas un substrat inerte et neutre, un simple support physique pour les plantes, mais la terre est un véritable **organisme vivant,** un écosystème en continuelle évolution.
On définit par « fertilisante » toute substance qui – par son contenu d'éléments nutritifs, ou bien par ses caractéristiques chimiques, physiques et biologiques – contribue à l'amélioration de la fertilité et à la nourriture des plantes cultivées ou, de toute façon, à l'amélioration de leur développement.
Si nous retournons à notre potager, nous pourrons alors dire que, au lieu de fournir directement la nourriture à la plante, il est plus sage et moins coûteux de maintenir une vie active dans la terre, de façon à transformer naturellement les substances complexes en éléments plus simples, disponibles ensuite pour les racines.

Le meilleur fumier est celui que l'on laisse bien mûrir en plein air. Dans les petits jardins, pour éviter les odeurs désagréables, il sera possible d'utiliser du fumier en sacs, prêt à l'emploi.

Le fumier ou lisier

Il est considéré comme le prince des engrais organiques, et il se compose du fumier solide et liquide des animaux, mélangé à la litière végétale qu'on laisse correctement fermenter. Pour l'horticulteur, l'un des meilleurs est le **fumier de cheval**, peu aqueux mais, malheureusement, coûteux et difficile à trouver. Le fumier traditionnel de bovin présente, de toute façon, des qualités plus que suffisantes pour garantir une bonne fertilisation organique.

- Disposant d'un petit espace, on peut fournir soi-même la préparation d'un excellent engrais organique. Le **fumier** doit avoir une base de terre, et être situé dans un endroit ombragé, loin des habitations, pour éviter de déranger les voisins avec d'éventuelles odeurs désagréables, provoquées par la fermentation. Le vieillissement, en petits tas de dimensions réduites, devra durer au moins 5-6 mois, après quoi le produit final pourra être distribué.

- Le **parfait vieillissement** du fumier contribue à la dégradation d'éventuelles substances nuisibles qu'il pourrait contenir, en évitant d'endommager, de cette façon, l'activité microbienne du sol. En outre, cela réduit le risque d'apparition de pourriture dans certains légumes, particulièrement sensibles à la présence de substance organique fraîche, et cela dévitalise la plupart des mauvaises herbes, qui se trouvent dans le fumier frais. A part apporter au sol une substance orga-

Composition du fumier

Composition chimique du fumier frais, vieilli et humide. Les valeurs indiquent la quantité en pourcentage des éléments nutritifs.

MATIÈRE	H_2O EAU	N AZOTE	P PHOSPHORE	K_2O OXYDE DE POTASSIUM	Ca CALCIUM	Mg MAGNESIUM
FRAÎCHE	70,00	0,46	0,24	0,56	0,49	0,12
MATURE	66,00	0,69	0,46	0,58	0,88	0,18
HUMIDE	49,00	0,80	0,20	0,75	0,80	0,20

Si vous n'avez pas la possibilité de récupérer du fumier, orientez-vous sur les engrais organiques du commerce. D'utilisation pratique (sur la photo, un engrais granulé), ils sont réalisés avec des matières sélectionnées pour garantir l'hygiène et l'apport idéal d'éléments nutritifs.

nique (environ 20 kg/q), le fumier vieilli contient de petites quantités d'éléments fertilisants : dans 10 q, en effet, on trouve 4-6 kg d'azote (N), 2-3 kg de phosphore (P), 6-8 kg de potassium (K) et du calcium (Ca).

▪ Au cas où vous trouviez du fumier vieilli, vous devrez penser à faire effectuer la livraison **peu de temps avant l'utilisation**. L'engrais organique, en effet, ne doit pas rester exposé à l'air libre trop longtemps, pour limiter ainsi au maximum les pertes d'azote, dues à la libération d'ammoniac. Au cas où, par contre, le fumier acquis serait encore frais, vous devrez le laisser reposer pendant la période nécessaire jusqu'à complète maturation.

▪ Le fumier vieilli sera réparti sur le sol de la façon la plus uniforme possible, et enterré superficiellement avec un travail de bêchage soigné, **quelques mois avant** l'ensemencement et les repiquages : cela permettra au fertilisant de subir le processus nécessaire d'intégration dans le sol.

▪ Au cas où vous n'auriez pas la possibilité de vous procurer du fumier frais, vous pourrez avoir recours au **fumier déshydraté, en granulés**, vendu en sacs. Même s'il ne donnera pas à votre sol le même apport en termes de masse organique, il fonctionnera également comme accélérateur de fertilité.

Compost et fumier en comparaison

Par rapport au fumier, le compost présente quelques caractéristiques importantes :

- le contenu total d'eau est réduit de moitié : il est plus **concentré** ;
- il est plus facile à **manipuler** ;
- l'**action de l'engrais** (c'est-à-dire, l'amélioration des caractéristiques du sol auquel il est ajouté) est plus prolongée dans le temps ;
- à égalité en apport de substance organique sèche, il contient des quantités analogues d'azote, mais inférieures en ce qui concerne le **phosphore** et le **potassium** (attention à en tenir compte lorsque vous cultivez des légumes « avides » de ces éléments nutritifs) ;
- l'effet fertilisant sur les végétaux est plus **durable**.

Le compost

Il s'agit d'un excellent fertilisant naturel, que l'on peut préparer en pratiquant le **recyclage des déchets végétaux** (herbes coupées, feuilles, brindilles déchiquetées, etc.), des déchets organiques de la cuisine et des cendres de la cheminée, toutes les substances qui, en poids, représentent environ un tiers des déchets produits annuellement par une famille. Une famille de trois personnes avec un jardin de 200 m^2, produit dans l'année de 700 à 1000 kg de déchets organiques compostables. Après la fermentation, cette matière se transformera en 2,5 à 4 q de bon compost. Au cas où seraient présents les excréments des animaux des élevages familiaux, ils iront également dans le tas de compost ou dans le *composteur* (le container approprié) pour améliorer la fermentation et la qualité finale de la substance organique.

▪ Avec le compostage, les différentes matières fermentent, grâce à l'activité des micro-organismes, et forment une masse sombre, semblable au fumier vieilli. Après **12-24 mois de fermentation**, on obtient un excellent produit organique à répartir en toute saison (incorporé, non enterré) en quantité de 2 à 3 q pour 100 m^2 de terrain destiné au potager.

▪ Pour obtenir un bon compost, il est nécessaire de « guider » le processus de fermentation : il faut mélanger convenablement les différentes matières contenues dans le compost, de façon à ce que les dimensions, le degré d'humidité, la structure et la composition soient tels que le travail d'humidification des micro- organismes puisse être facilité.

Faire du compost

Les matières premières pour le compost sont tous les déchets et les restes de type organique et biodégradable, ou bien pouvant être attaqués par les micro-organismes. Les déchets d'origine synthétique ou non biodégradables, ou encore contaminés par des substances non « naturelles » ou toxiques, seront soigneusement évités. À l'intérieur du *composteur*, il sera utile d'employer également un produit qui accélère le compost et diminue l'odeur de la fermentation en cours.

NE DOIVENT PAS ÊTRE MIS DANS LE COMPOST	▪ VERRE, BOIS VERNI, PAPIER GLACÉ (REVUES) ▪ VERNIS ET AUTRES PRODUITS CHIMIQUES ▪ PRODUITS AVEC DES PARTIES EN PLASTIQUE OU MÉTAUX (BOÎTES, CONTAINERS, OBJETS DIVERS) ▪ PILES DECHARGÉES, MEDICAMENTS EXPIRÉS, TISSUS
PEUVENT ÊTRE MIS DANS LE COMPOST	▪ RESTES DE CUISINE : DÉCHETS DE VERDURE, PELURES, PEAUX, FONDS DE THÉ ET CAFÉ, ETC. ▪ DÉCHETS DU JARDIN ET DU POTAGER : BOIS DE TAILLE, TONTE DE PELOUSES, FEUILLES SÉCHES, FLEURS FANÉES, TIGES, DÉCHETS DU POTAGER, ETC. ▪ AUTRES MATIÈRES BIODEGRADABLES : PAPIER NON GLACÉ, CARTON, SCIURE ET COPEAUX DE BOIS NON TRAITÉ, ETC.
PEUVENT ÊTRE MIS DANS LE COMPOST EN POURCENTAGE REDUIT	▪ RESTES DE NOURRITURE D'ORIGINE ANIMALE, NOURRITURE CUITES : EN PETITES QUANTITÉS, PARCE QU'AUTREMENT ILS ATTIRENT LES INSECTES ET LES AUTRES ANIMAUX INDÉSIRABLES ▪ FEUILLES DE PLANTES RESISTANTES A LA DÉGRADATION (MAGNOLIA, LAURIER, HÊTRE, CHÂTAIGNIER, AIGUILLES DE PIN) : EN PETITES QUANTITÉS ET EN MELANGEANT BIEN AVEC DES MATIÈRES PLUS FACILEMENT DÉGRADABLES ▪ LITIÈRE POUR CHIENS ET CHATS (SEPIOLITE) UNE FOIS UTILISÉE : SEULEMENT SI L'ON EST SÛR D'OBTENIR L'ASSAINISSEMENT PAR UN SYSTÈME DE COMPOSTAGE ADAPTE, ET EN UTILISANT CORRECTEMENT LES PRÉCAUTIONS D'HYGIÈNE ÉVIDENTES

Extrait de "Le compostage domestique" Consorzio AIMAG (Carpi, MO) - Scuola agraria del Parco di Monza (Monza, MI)

▪ **Faire du compost en container** Dans le commerce, il existe de nombreux modèles de composteurs de formes et de dimensions différentes, de 200 jusqu'à 1000 l de volume : généralement, ils sont fabriqués en plastique, avec un couvercle pour les remplir, une petite porte en bas pour le déchargement, avec le fond percé et un système interne d'aération naturelle. Leur prix est très modéré. Ils sont souvent accordés, en prêts gratuits, pour faciliter l'élimination des déchets organiques.

Les ingrédients d'un bon compostage

▪ **Les micro-organismes**, dont la présence est indispensable pour mener à bien la fermentation de manière efficace ; ils demandent la présence de carbone (amidons, sucres, bois et cellulose) et d'azote (déchets animaux) en rapport idéal C : N = 23 : 30.

▪ **L'aération** de la masse doit être favorisée : placez au centre du tas quelques poteaux en bois qui créent des canaux de ventilation.

▪ **L'humidité** idéale varie de 40 à 65% ; pour cela, il est nécessaire de laisser sécher les matières très hydratées (tontes de pelouse, déchets du potager, etc.) et d'humidifier au contraire celles qui sont sèches (sciure, copeaux, foin, paille, etc.).

▪ **La température** atteinte en plein processus de compostage dépasse les 70 °C, c'est pour cela que les graines des mauvaises herbes sont affaiblies. Si la masse est trop « froide », par excès de lignine ou de cellulose, on peut répartir une petite quantité de starter (accélérateurs naturels de la fermentation).

▪ **Faire du compost en tas** C'est une solution utile, au cas où l'on dispose de beaucoup de matières à composter et d'espaces appropriés. Placez-le dans un coin accessible, **à l'ombre** ; dans le potager, spécialement dans les zones plus ensoleillées, on peut utiliser la surface qui se trouve sous une pergola ou bien à côté d'une haie, ou l'ombre d'un arbre. En ce qui concerne **les dimensions**, on ne devrait pas dépasser la hauteur et la largeur de 1,5 m, sans limitation pour la longueur. Pendant l'été, il est préférable de le faire sous **forme de trapèze**, avec une base large (qui permet d'absorber une grande partie des pluies) ; vers l'hiver, la forme **en triangle** est au contraire la plus adaptée, afin de garantir l'évacuation des eaux. Dans les régions très chaudes, par contre, on cherchera à donner une **forme concave** à la partie qui se trouve au sommet du tas trapézoïdal, de façon à retenir le plus d'eau possible.

EN FACE : *pour celui qui dispose d'un petit potager, l'engrais vert se révèle être une pratique très utile, qui permet de réintégrer les éléments nutritifs du sol à l'intérieur de l'espace cultivé.*

Les cultures aux engrais verts

Quantité (kg/ha) d'azote, d'anhydride phosphorique et d'oxyde de potassium dans la partie verte de certains engrais verts.

CULTURE	N AZOTE	P_2O_5 ANHYDRIDE PHOSPHORIQUE	K_2O OXYDE DE POTASSIUM
TRÈFLE	40-60	10-20	40-60
VESCE	50-150	10-25	50-90
FÉVEROLE	30-100	10-35	30-120
COLZA	50-100	25-40	80-180
RADIS	40-180	20-60	80-220
MOUTARDE	50-80	25-30	80-110
PHACÉLIE	160	20	165
RAY-GRASS ITALIEN	160	20	185

L'engrais vert

Appelé également fertilisation verte, c'est une pratique utilisée dans l'horticulture biologique, intéressante aussi pour les petits potagers familiaux. On cultive des végétaux qui, au lieu d'être récoltés, sont enterrés au moment de leur développement maximum. Une telle stratégie se révèle particulièrement utile pour enrichir le sol de **substance organique**, en augmenter les réserves hydriques et la population de lombrics, améliorer la structure physique du sol et la protéger des ruissellements et

Les plantes pour un bon engrais vert

La plupart des plantes utilisées à cette fin, appartiennent à trois familles botaniques.

▪ **Légumineuses** Elles enrichissent le sol d'azote, le plus stratégique des éléments nutritifs pour la qualité et la quantité des productions, et elles conviennent bien aux différents types de climat et de terrain. Parmi les plus importantes : la féverole, le sainfoin, le lupin, le mélilot, le pois protéagineux (ou fourrager), le trèfle, la vesce et quelques légumes comme le pois chiche, le haricot, la fève, la lentille et le petit pois.

▪ **Crucifères** Elles sont particulièrement indiquées si la culture d'engrais vert doit produire une masse végétale considérable dans un temps assez court.
Les crucifères utilisées à cette fin sont la moutarde (son cycle très court, mais elle craint le froid), le colza (très résistant au froid) et le navet.

▪ **Graminées** Elles s'emploient en général avec les légumineuses (par exemple l'avoine avec le pois et la vesce), puisque l'union des deux familles peut être bénéfique.

▪ Etrangers aux trois familles citées, mais également utilisés pour l'engrais vert, sont le **sarrasin** (*Polygonum fagopyrum*, des polygonacées) et la **phacélie** (*Phacelia tanacetifolia*, des hydrophyllacées). Cette dernière est une plante à cycle court (6-9 semaines), qui produit une abondante et très décorative floraison bleu-violet, très riche en nectar et pour cela très recherchée par les abeilles.

de l'érosion. Avec un engrais vert de légumineuses, sont apportées jusqu'à 400-500 kg de substance organique pour 1000 m^2 de terrain qui, dans un pourcentage variable de 5 à 15%, sera transformée en humus stable. Environ 50% des substances nutritives sont délivrées immédiatement, alors que l'autre moitié reste à disposition des plantes pendant l'année suivante.

▪ Dans le potager, l'engrais vert est habituellement pratiqué **après** la récolte d'une culture principale, et **avant** un nouveau semis ; il peut être également pratiqué comme engrais vert annuel, afin de reconstituer la fertilité de la terre.

▪ **Le semis** de plantes d'engrais vert peut trouver une utilisation avant une culture principale, dans le but d'enrichir le terrain : si une croissance rapide est nécessaire, on aura recours à une crucifère.
Les plantes d'engrais vert ne demandent que quelques arrosages après le semis, et sont généralement **broyées** au début de la floraison. Les plantes coupées devront être **enterrées** à quelques jours de distance du broyage, pour favoriser une légère dessiccation de la végétation. L'opération devra se produire au moins un mois avant le semis suivant, à environ 10-15 cm de profondeur, surtout dans les sols argileux, pour ne pas entraver les processus naturels de décomposition, qui nécessitent une grande quantité d'oxygène.

Durée et mode de fertilisation

Les substances nutritives présentes dans le sol sont toujours en mouvement, puisqu'elles sont dissoutes dans l'eau qui circule, les rendant en partie disponibles pour l'absorption radicale et les dispersant d'autre part. Il est donc important de créer une bonne **réserve nutritive**, durable dans le temps, avec la *fertilisation de fond*, à intégrer lorsque les cultures sont au moment de leur plus grande activité végétative, et avec la *fertilisation de couverture*, d'absorption rapide.

La fertilisation de fond

Le fertilisant se répartit au cours de la préparation du sol, avant les semis et les transplantations. Le mieux est d'avoir recours à l'utilisation de **fumier de bovin** bien sec, et si l'on ne veut pas suivre les règles de l'horticulture biologique qui n'emploie pas de produits de synthèse, ajouter comme complément nutritionnel de l'engrais minéral, en général avec de l'azote, du phosphore et du potassium à mesure égale. Dans ce cas, sur l'étiquette du produit on pourra lire par exemple « NPK 12-12-12 », qui veut dire : « sur 100 parts de cet engrais, 12 sont d'azote (N), 12 de phosphore (P) et 12 de potassium (K) ». Il faut souligner que l'engrais minéral n'est pas aussi nécessaire qu'on le croit, à condition que le sol soit périodiquement enrichi avec du fumier ou du compost idéal et bien équilibré.

Apporter une fertilisation étudiée sur la base des exigences des cultures assure des récoltes abondantes et savoureuses.

La fertilisation de couverture

Elle s'effectue par l'administration, juste avant la phase de la plus grande croissance végétative, d'**engrais minéraux** destinés à certains groupes de plantes potagères (à feuilles, à fruits, à graines, etc.) pour qu'elles soient plus productives.

Par exemple, une pincée d'engrais riche en potassium, administrée au moment de la formation des fruits de la tomate, les rendra plus volumineux.

DANS LES PAGES SUIVANTES :
la rotation des plantes – technique ancienne – est fondamentale pour obtenir les meilleurs résultats : il faut diviser le potager en différentes zones, et établir immédiatement le bon ordre entre les cultures. Les choux, par exemple, sont parmi les plus exigeants.

Choix des légumes et planification des cultures

La curiosité et l'enthousiasme que l'on éprouve à l'instant où l'on se décide à réaliser un potager, même petit, nous poussent inévitablement à faire quelques erreurs d'évaluation, qui peuvent être minimisées, si l'on investit un peu de son temps pour effectuer une planification correcte. En dessinant sur le papier le schéma du potager, on pourra alors en déduire une programmation correcte, soit de l'espace (surface destinée à chaque culture, nombre de plantes et quantité de graines nécessaires), soit temporelle, à court terme (période et « lune » idéale pour semer chaque type de plantes, absences pour vacances, etc.) et à long terme (associations et alternances entre les plantes sur la base de leurs caractéristiques).

La rotation des légumes

Avec la « **rotation** » ou « l'alternance des cultures », on indique l'ordre de succession sur la même parcelle de terre des légumes appartenant à des espèces différentes. Il s'agit d'une technique de culture qui remonte aux origines de l'histoire de l'agriculture, mais dont l'expansion aux temps modernes se situe au début du dix-huitième siècle, lorsqu'elle fut adoptée sur une plus grande échelle en Europe, donnant lieu à une véritable révolution agronomique. Elle permet d'améliorer le rendement des principales cultures, de contrôler de façon plus efficace le développement des mauvaises herbes et de certains agents pathogènes des sols, et en même temps de sauvegarder la fertilité de la terre. Alterner les types de culture sur la même parcelle de terre est avantageux pour les raisons suivantes :

- cela limite naturellement le **développement des mauvaises herbes** avec la culture des légumes qui ont des exigences différentes ;
- on diversifie l'**absorption quantitative** des éléments fertilisants en réduisant au minimum le risque de carences ;
- elle maintient sous contrôle les parasites fongiques et ceux des animaux, qui vivent au détriment de certaines plantes.

Pour toutes ces raisons, en appliquant la rotation, les rendements productifs augmentent, tout en réduisant la nécessité d'utiliser des herbicides, des engrais et des pesticides.

Schéma de rotation pour quatre années

Les rotations résolvent les problèmes de la diminution de productivité du sol, dus principalement à des carences nutritionnelles et à l'accumulation de substances toxiques et des parasites.

PREMIÈRE ANNÉE	
FERTILISATION VERTE OU LÉGUMINEUSE	POIS CHICHE, GESSE, HARICOT, FEVE, LENTILLE, LUPIN, POIS
DEUXIÈME ANNÉE	
CULTURES TRÈS EXIGEANTES	ARTICHAUT, CHARDON, CHOUX, CONCOMBRE, AUBERGINE, POMME DE TERRE, TOMATE, POIREAU, CÉLERI, COURGE, COURGETTE
TROISIÈME ANNÉE	
CULTURES MOYENNEMENT EXIGEANTES	AIL, ASPERGE, BETTERAVE ROUGE, CAROTTE, OIGNON, FENOUIL, SALADES, LAITUES, MELON, POIVRON, POIREAU, RADIS, SALSIFIS
QUATRIÈME ANNÉE	
CULTURES PEU EXIGEANTES	CAROTTE, HERBES AROMATIQUES, PERSIL, ÉPINARD

Rotation par famille

Exemple de rotation sur un même rang de légumes appartenant à différentes familles.

EN FACE : *La pratique de l'alternance offre, parmi d'autres, l'avantage de limiter les coûts pour l'achat d'engrais et de pesticides, en garantissant une production de qualité.*

Organiser les rotations

Le type de climat et de sol, la quantité d'eau à disposition et les habitudes que chaque horticulteur adopte, déterminent la solution spécifique la plus appropriée. Une fois que l'on a choisi la meilleure stratégie, on devra **diviser le potager** en autant de parcelles hypothétiques (rangées ou plates-bandes) que d'années de rotation, avant qu'un légume ne retourne dans la même parcelle. Si l'on choisit une rotation pour quatre années, par exemple, le potager sera divisé en quatre parcelles de dimensions égales, obtenues avec deux chemins qui se croisent.

- Des rotations de longue durée (4-8 années) produisent en général les meilleurs résultats. Ensuite il est important d'y introduire des **légumineuses**, puisque ces plantes possèdent des propriétés fertilisantes très prononcées.

- Il est convenable de commencer la culture avec l'ensemencement d'une légumineuse, pour passer ensuite à une plante ayant de grandes exigences métaboliques (qui bénéficie des résidus laissés par la fertilité de la culture précédente), suivie par une autre ayant des exigences métaboliques intermédiaires et, enfin, d'une autre peu exigeante, pour ensuite recommencer depuis le début.

- Enfin, on peut également alterner entre elles, des plantes appartenant à des **familles différentes**. Ainsi, après une légumineuse, on pourra faire suivre une crucifère, ensuite une solanacée, une ombellifère et ainsi de suite.

▪ Un autre critère consiste à mettre dans l'ordre les cultures en fonction **de celles qui sont les plus utilisées** : on commence par les plantes dont on se sert des fruits ou des graines (pastèque, concombre, fève, aubergine, melon, poivron, pois, tomate, etc.), ensuite suivent celles à fleur (brocoli, artichaut, herbes aromatiques, safran, etc.), ensuite celles à feuille (choux, fenouil, endive, laitue, persil, épinard, etc.) et enfin celles à racine (ail, carotte, oignon, pomme de terre, poireau, radis, etc.).

Jamais à la même place !

Même si l'on ne pratique pas la rotation, on doit se rappeler qu'il existe des plantes qui ne seront jamais cultivées plus d'un an dans le même sol : ail, asperge, artichaut, chardon, carotte, chou-fleur, chou, concombre, pastèque, haricot, laitue, melon, pomme de terre, poivron, pois, persil, céleri, épinard, courge.

▪ Pour certaines d'entre elles, cependant, il suffit d'une simple alternance avec une autre culture, comme il est suggéré dans le tableau des rotations, pouvant être cultivée au cours de la même année, pour rétablir une bonne tolérance. Pour les autres, par contre, il faut attendre quelques années.

La culture de citrouille est considérée comme un renouvellement. Il est déconseillé de suivre la même culture ou d'autres cucurbitacées.

Association de cultures

Citons quelques exemples de combinaisons de légumes.

ASSOCIATIONS FAVORABLES	ASSOCIATIONS DÉFAVORABLES
CHOU – CONCOMBRE	OIGNON – CHOU
CHOU – HARICOT	OIGNON – HARICOT
CONCOMBRE – HARICOT	HARICOT – AIL
CONCOMBRE – POIS	HARICOT – FENOUIL
OIGNON – CAROTTE	HARICOT – POIS
OIGNON – TOMATE	FENOUIL – TOMATE
HARICOT – CAROTTE	POMME DE TERRE – OIGNON
LAITUE – CAROTTE	POMME DE TERRE – TOURNESOL
POMME DE TERRE – HARICOT	POMME DE TERRE – AUBERGINE
POMME DE TERRE – FÈVE	TOMATE – BETTE
POMME DE TERRE – POIS	TOMATE – POIS
TOMATE – CHOU	
TOMATE – RADIS	
POIREAU – CAROTTE	
CÉLERI – CHOU-FLEUR	
CÉLERI – HARICOT	
CÉLERI – TOMATE	
CÉLERI – POIREAU	

Mésententes et amitiés chez les légumes

La *monoculture*, ce qui signifie la présence d'un seul type de plante sur une parcelle de terre déterminée, ne se produit presque jamais ; au contraire, les plantes voisines tissent entre elles des rapports, que nous pouvons définir comme de la « sympathie » et de l'« antipathie ». L'étude des compatibilités entre les différentes espèces végétales s'appelle **allélopathie**.

▪ Les raisons qui rendent intéressantes les cultures mixtes peuvent se résumer ainsi :
- le sol, la lumière, l'eau sont toujours mieux utilisés dans les cultures associées plutôt que dans celles individuelles ;
- les risques de perte de la récolte sont réduits au minimum (au moins l'une des cultures réussira à produire) ;
- la protection contre les parasites et les maladies est plus efficace (les herbes aromatiques, en particulier, plantées au bord des plates-bandes favorisent la croissance saine des légumes voisins) ;
- les mauvaises herbes sont moins envahissantes puisque le sol est plus couvert et ombragé ;
- les rendements productifs sont plus élevés.

Les principales opérations culturales

Le secret pour avoir un potager entretenu et productif, c'est d'y consacrer ne serait-ce que quelques dizaines de minutes, mais fréquemment et régulièrement. Il faut surtout agir au bon moment, lorsque les conditions environnementales sont propices à toute opération ordinaire.

Le bêchage

Cette opération consiste à retourner la terre manuellement, ou à l'aide d'outils mécaniques, une fois par an, au même moment où l'on enfouit la matière organique. Entre une culture saisonnière et l'autre, par contre, le binage est suffisant pour affiner la terre en surface.

En début de saison, il convient d'effectuer le bêchage des parcelles.

Au moment de l'achat des plantules, s'assurer que leurs racines sont entières et bien développées.

Acheter des semences et des plantules

L'évolution du marché des semences de potager et des plants prêts à transplanter représente une source de revenu pour les grandes multinationales ; pas étonnant donc que les standards de qualité soient plus élevés. Il est aujourd'hui possible de trouver, dans tous les centres commerciaux, toutes sortes de semences et, en saison, même les plantules prêtes à transplanter.

F1 = Formule Un ?

Les graines de certains légumes sont offertes à des prix bien supérieurs à la moyenne des variétés voisines. Si elles sont accompagnées du sigle « F1 », cela signifie que ce sont des produits au long processus de sélection variétale, exploités par des sociétés spécialisées, qui visent à isoler les plantes « génitrices », capables de produire des graines de qualité supérieure, dont naissent des plantes particulièrement saines, productives et résistantes aux maladies.

Tomates Molteno, *une variété F1.*

- La germination des graines est garantie par la **certification** de la fraîcheur du produit (les sachets reportent toujours la date d'échéance des graines). Vous pouvez aussi trouver facilement des semences de précieux légumes, très demandées sur le marché, parce qu'elles sont obtenues par un long travail de sélection variétale : ce sont celles de première génération ou **F1**.

- Les jeunes plantules prêtes à être repiquées sont vendues en **barquettes**, chacune logée dans un godet avec sa terre : l'opération se révèle ainsi très facile et on ne risque pas d'en abîmer les racines.

L'ensemencement

Déjà à la fin de l'hiver, dans les pépinières spécialisées, il est possible de trouver une grande variété de plantules de légumes, produites dans des godets, et prêtes à être mises en terre. Dans certains cas, comme pour les aubergines greffées, il n'existe pas d'alternative d'achat plus pratique, mais pour de nombreux jardiniers, l'expérience de faire soi-même ses semis est beaucoup plus tentante, étant donné que – à un prix très modéré – cela assure l'obtention d'un grand nombre de plantes, parmi lesquelles on peut sélectionner les plus fortes.

Entre théorie et pratique

Une graine est une sorte de plante en miniature, en stagnation végétative profonde, qui attend seulement les conditions environnementales optimales (**chaleur**, **oxygène** et **humidité** suffisants) pour commencer à végéter. Il est nécessaire que les graines soient placées dans la terre, à une profondeur égale à leurs dimensions.

▪ Si vous voulez être certain que les conditions environnementales soient idéales à la germination, les semis devront être réalisés au beau milieu du printemps, et pourront s'effectuer directement en **plein champ**, avec diverses procédures : on peut pratiquer de petits trous dans le sol, et dans chacun d'entre eux y déposer 3 à 4 graines, ou bien dans des petits sillons, ou bien encore semer à la main ; suivez les indications pour chaque variété.

▪ Si vous disposez d'un grand potager, il pourrait être nécessaire d'effectuer les semis dans un **lit de semences**, c'est-à-dire une petite parcelle de terre relevée parallèlement au niveau du sol, obtenue par la technique de drainage (argile expansée), fumier vieilli et sol tamisé, pourvu d'ombre. Les plantules germées seront ensuite mises en terre dans le potager, une fois qu'elles auront des dimensions suffisantes pour supporter la transplantation.

▪ Pour anticiper la récolte on peut effectuer les semis très en avance, pendant l'hiver, dans des petites serres, c'est-à-dire dans une boîte en plastique, profonde d'au moins 10 cm, ou bien dans des petits pots en plastique d'usage courant pour les plantes à fleur, pourvus de trous d'écoulement, pour maintenir constamment la température à 18-20 °C dans un environnement humide, ventilé et lumineux.

La caisse pour les primeurs

Pour obtenir des plants en hiver, on peut placer les semences dans des **caisses réchauffées**, dans lesquelles la chaleur est engendrée par la fermentation d'une couche de fumier de bovin frais, recouverte de terre. Une journée exposée au soleil peut élever excessivement la température, c'est pour cela qu'il est nécessaire de pourvoir un minimum d'aération. En alternative au fumier, on peut utiliser un câble chauffant électrique enterré.

L'éclaircissement et le repiquage

Suite aux semis, vous y trouverez un bon nombre de jeunes plantules, qui entrent rapidement en compétition grâce à la lu-

Pour empêcher les citrouilles de se détériorer au contact avec la terre, il convient d'insérer une tablette sous les fruits en croissance.

Mini-serre et tunnels

Si vous disposez de 4 à 6 m² de potager exposé au sud, peut-être protégés des courants d'air froid par un mur, vous pouvez réaliser une petite serre ou un tunnel qui permettent la production de primeurs suffisants pour une famille de 4 personnes. Si vous ne voulez pas réaliser une structure en maçonnerie, en fer ou en verre, l'utilisation de quelques arceaux métalliques peut être suffisante, en ayant soin de bien les planter en terre ; vous y poserez dessus une large feuille de PVC transparent, disponible auprès des coopératives d'agriculteurs, à faire tenir au sol avec des briques, du terreau ou d'autres lests.

mière, l'eau et les substances minérales. Il est donc nécessaire de procéder à l'éclaircissement, pour éviter le « stress de surpopulation ».

- Si le semis a été effectué sur un lit de semences, il faudra **repiquer** les jeunes plants en trop, c'est-à-dire les extirper avec leur petite motte de terre, pour ne pas endommager les racines, et les ranger dans une nouvelle petite serre ou dans un petit pot pour poursuivre leur croissance.

- Pour les semis en plein champ, il convient d'éliminer les jeunes plantules en trop, en gardant seulement celles qui sont les plus développées et les plus saines, placées sur des rangs à même distance.

La transplantation

Pendant la saison la mieux indiquée pour chaque type de légume, si les jeunes plantules ont atteint les bonnes dimensions, il sera nécessaire de procéder, avec la transplantation, à la mise en terre définitive dans le potager, après l'avoir préparé avec un affinement de terrain approprié.

- Pour aider les plantules à surmonter le choc du repiquage, il est suggéré de couper les pointes des feuilles et des racines, action qui vise à limiter les pertes en eau par déshydratation et à stimuler une reprise végétative plus rapide.

▪ Les plantules **conservées dans des pots individuels** sont les moins exposées aux crises hydriques, et leur motte de terre doit être posée dans des trous de même dimension, en prenant soin de ne pas la fragmenter pendant l'opération. Une fois que vous avez effectué la mise en terre des plantules, il est nécessaire de pourvoir rapidement à un arrosage abondant.

Les interventions de taille

Même les légumes se taillent, en enlevant du feuillage ; cela est utile pour améliorer la production, mais la taille est certainement plus limitée par rapport à celle des arbres et des arbustes. Pour le faire, on ne se sert pas d'outils de taille, mais les mains sont suffisantes. En outre, on intervient toujours sur l'exemplaire en pleine végétation.

▪ **Le pincement** consiste en la suppression de l'apex de la plante quand elle est encore tendre, en la pinçant entre les doigts. Cette opération stimule la formation de branches latérales et un retard dans la floraison. Par exemple, si le basilic n'est pas écimé lorsqu'il a 4 paires de folioles, il devient haut, désordonné, avec peu de feuilles à ramasser, et en peu de mois, il fleurit et ensuite il meurt. Avec le pincement on intervient également sur les plantes de melons et de tomates, pour empêcher qu'elles forment des tiges trop longues et peu productives.

▪ Avec l'**ébourgeonnage** (appellée aussi drageonnage) on élimine les pousses qui

Le pincement s'effectue en enlevant la partie la plus tendre de la végétation apicale.

Pour ne pas compromettre le développement de la plante suite au repiquage, il est fondamental d'assurer un bon apport hydrique.

se développent à l'aisselle des feuilles, qui de plus ne vont pas donner de fruits, et privent la plante de ressources nutritives. On procède ensuite à leur déplacement en les supprimant à la base, dans le sillon entre la tige et le pétiole des feuilles. Ce type d'intervention s'effectue sur les **solanacées à baie** (comme la tomate, l'aubergine et le poivron) et sur les **cucurbitacées**, comme le melon, la courge, etc.

Le contrôle des herbes sauvages

La terre du potager, riche et irriguée fréquemment, est vite colonisée par les mauvaises herbes (ou herbes sauvages), bien plus résistantes que nos légumes et très rapides dans leur développement, qui dérobent de précieuses substances nutritives. Pour les éliminer, on met en œuvre le *paillage* ou le *désherbage mécanique*.

Sur les petites surfaces, le désherbage à la main est toujours préférable.

Beaucoup d'opérations du potager sont toujours effectuées à la main, en respectant les traditions et les gestes consolidés au fil du temps.

Le paillage

Il s'agit de la couverture de la surface du sol, pour empêcher la germination et le développement des graines de mauvaises herbes, chose qui permet également de conserver une bonne humidité, sans qu'on doive arroser quotidiennement.

- Les meilleurs matériaux pour le paillage du potager sont **d'origine naturelle** et riches en cellulose (ils durent au moins

Prévenir les mauvaises herbes

Les mauvaises herbes (également appelées parasites agricoles ou « herbes sauvages ») ne s'enracinent pas dans un potager bien soigné, dans lequel les opérations culturales sont effectuées avec méthode.

- Utilisation de **semences pures**.
- **Rotations**.
- **Associations** (cultures mixtes).
- **Fertilisation organique** (avec un meilleur équilibre des éléments nutritifs).
- **Correction** des anomalies physiques et/ou chimiques du sol.
- Utilisation de **couvre-sol** et d'**engrais vert** (qui créent de l'ombrage aux mauvaises herbes et qui apportent de l'eau et des éléments nutritifs qui seront ensuite restitués dans le sol).
- **Travaux** préparatoires (labourage, hersage, etc.).
- **Paillis** (pour empêcher la germination des graines).
- **Solarisation** (stérilisation à chaud des premières couches du sol).
- **Gestion** correcte dans l'utilisation de l'eau d'irrigation.

Exemples de paillage : avec la paille (À GAUCHE), *matière naturelle, et avec des toiles noires en plastique* (À DROITE), *de fabrication industrielle.*

une saison) : paille, sciure, feuilles, herbe sèche, copeaux de bois.
La matière naturelle la plus utilisée et la plus disponible est la paille, à répandre après la transplantation des légumes, sur une couche variable de 5 cm sur les sols lourds jusqu'à 10 cm sur les sols légers et sableux. Avec cette couverture, la limitation des mauvaises herbes est presque totale.

▪ L'utilisation de **toiles noires en plastique** en polychlorure de vinyle (PVC) ou en polyéthylène (PE) est également très répandue ; il faut les disposer sur le sol. Ensuite, on pratique autant de petits trous que l'on veut mettre de plantes. Ce type de paillage est idéal pour la pastèque, le chou-fleur, le chou, le concombre, la fraise, la laitue, le melon, la tomate et la courgette, puisqu'il augmente la température du sol et l'isole de tout contact avec le légume, qui restera plus sain et propre à la récolte. À la fin du cycle, la toile peut difficilement être réutilisée et devra donc être éliminée.

▪ Rappelons que les toiles de nouvelle génération, à base de **cellulose** et d'**amidon** (*biocover*), aux mêmes qualités que les précédentes, ajoutent une importante capacité respirante ; en outre elles sont complètement biodégradables après 2-3 mois d'utilisation : à la fin du cycle productif, elles peuvent être enterrées avec le bêchage sans aucun effet nuisible.

Les interventions mécaniques

Le labourage, le binage, le sarclage et le buttage, **en remuant le sol**, jouent un rôle direct d'herbicide, en arrachant les mauvaises herbes et en les empêchant de s'enraciner. Il est important, cependant, d'agir au bon moment, lorsque le terrain n'est pas trop humide et lors d'une journée ensoleillée, ainsi les mauvaises herbes arrachées vont sécher très vite. En outre, elles doivent être détruites aux premiers stades de leur développement, lorsqu'elles ne sont pas encore en fleur, ni encore moins en graine, avec le risque que, en tombant, perpétuent l'infestation.

Le buttage

C'est une pratique qui consiste à poser une certaine quantité de terre, avec la pioche, au pied des plantes. Pour les pommes de terre, cette opération évite que les tubercules soient exposés à la lumière et deviennent verts, en favorisant une plus importante production.

- Pour les autres cultures horticoles, parmi lesquelles le chardon, le fenouil, la chicorée et le céleri, le buttage protège le légume de la lumière du soleil, causant le **blanchiment** qui le rend plus tendre.

Pour garder son potager dans des conditions parfaites, des interventions constantes de désherbage sont nécessaires.

Comment protéger les légumes contre les adversités ?

Dans la nature, en situation environnementale équilibrée, sous l'aspect biologique, tous les organismes d'un milieu donné sont étroitement liés les uns aux autres, en totale harmonie, dans laquelle chacun trouve un créneau pour vivre et se reproduire. Dans le potager, cet équilibre peut être compromis par les insectes, les champignons et les bactéries nuisibles qui deviennent particulièrement agressifs à l'égard des légumes, l'unique source de nourriture restée à disposition.

▪ Pour résoudre cette situation, nous devons choisir entre l'emploi de **pesticides**, qui rendent l'environnement et les plantes toxiques aux animaux, aux champignons et aux bactéries, en permettant aux légumes de prospérer, ou bien tenter, si possible, de recomposer l'équilibre qui a été perdu, en limitant l'emploi de poisons et en favorisant, par contre, la présence d'**organismes utiles**, qui puissent contrôler la prolifération de ceux qui sont dangereux pour les légumes cultivés.

Pesticides : précautions et conseils

S'il est essentiel d'utiliser un produit potentiellement dangereux pour la santé, vous devez lire avec attention les instructions reportées sur l'emballage. Conformez-vous scrupuleusement au dosage conseillé (en évitant d'en mettre trop, afin d'obtenir un meilleur effet, c'est une erreur !), aux éventuelles indications sur la compatibilité avec les plantes et avec d'autres produits, et à la **période de carence**, c'est-à-dire la période qui doit s'écouler entre l'administration des pesticides et la récolte des légumes. Pour les produits à diluer dans l'eau, on prépare seulement la dose nécessaire, et seulement au moment de l'utilisation. En outre, certains produits, exposés à l'humidité et au froid, perdent leur efficacité.

Prévenir pour ne pas compromettre

Soit vous voulez mener la bataille avec des pesticides, soit vous voulez le faire avec des méthodes naturelles, la défense préventive restant toujours plus importante que la défense directe. Pour réduire au minimum les dommages des insectes ou des agents pathogènes d'origine fongique (par exemple les pourritures), on devra favoriser le développement sain des plantes par l'intermédiaire de :
- le choix de **variétés résistantes** ;

- une **fertilisation équilibrée** ;
- l'adoption des **rotations** culturales et des associations ;
- **travaux** au bon moment.

Traitements chimiques et traitements biologiques

Si l'on emploit un pesticide pour résoudre une maladie, spécialement si elle est causée par des insectes, il faut éviter d'en utiliser en quantité inférieure à celle indiquée : certains parasites pourraient survivre et en sortir « fortifiés », donnant lieu à de nouvelles **générations d'insectes résistants** au produit. Pour la même raison, on ne devrait pas toujours utiliser la même préparation pour la même maladie, mais plutôt alterner entre eux des principes actifs différents.

Privilégier des méthodes de défense et de soin naturels donne l'assurance de cultiver des légumes riches en substances nutritives, sans aucun danger pour l'homme et pour l'environnement.

Remèdes contre les maladies d'origine animale

Les **acariens** et les **insectes** font partie des organismes animaux les plus actifs et dangereux pour les plantes potagères.
La lutte biologique, qui prévoit l'utilisation de prédateurs spécifiques, n'est efficace que si l'on dispose d'une bonne surface cultivée, mais dans les petits potagers il est presque toujours indispensable de les contrôler à l'aide de traitements ciblés.

La bentonite

On la trouve dans le commerce sous forme de poudre très fine, de couleur gris-vert. Elle est constituée d'un mélange de minéraux argileux comme la montmorillonite (50%), l'illite (15-20%) et la kaolinite (5-10%). La distribution de bentonite sur les haricots conservés pour le semis protège les graines contre l'attaque de la **bruche**. Elle est également utile pour absorber l'**excès d'humidité** sur les courgettes et les courges.

LES DOSES Elles varient de 2 à 4 kg pour 100 l d'eau ; il est conseillé de faire tremper le produit pendant quelques jours avant son utilisation.

L'ortie

Plante sauvage et adventice, elle a des propriétés **phyto-stimulantes** et insecticides. Son utilisation stimule la croissance des légumes (elle est riche en azote, fer et autres oligo-éléments) qu'elle défend contre les parasites, en particulier les aphidiens (ou pucerons) et l'araignée rouge, contre lesquels elle exerce une action **répulsive**.

1

2

Quelques-uns des parasites les plus répandus dans les potagers : les araignées rouges (1), la chenille du papillon machaon (2), les aphidiens (3) et la chenille de la noctuelle (4).

LES DOSES On emploie 10 kg de plante fraîche entière, sans les racines (2 kg si la plante est sèche) pour 100 l d'eau, à laisser macérer 1-2 jours et vaporiser sur les feuilles le matin ou après le coucher de soleil. L'ajout de 1 kg de sucre pour 20 l d'eau et de 1% de savon de Marseille améliore l'adhérence et l'efficacité de la macération.

Le pyrèthre

Poudre que l'on obtient par le séchage de la tête de certaines plantes du genre *Chrysanthemum* (de la famille des composées). Leurs principes actifs, les *pyréthrines*, agissent par contact et par ingestion, provoquant la **paralysie de l'insecte** touché. Il est actif contre les pucerons, les mouches, le papillon blanc du chou, la Bemisia de l'aubergine, le tingide, les doryphores et le moucheron de la tomate.

- Au moment de l'achat, on ne doit pas le confondre avec les **pyréthrinoïdes**, substances synthétiques semblables au pyrèthre, plus efficaces parce qu'elles sont plus persistantes.

LES DOSES Pour l'utilisation des formulations, liquide ou en poudre, vous devez suivre les instructions sur l'emballage. En général, elles ont une faible toxicité et une persistance limitée (48 heures environ). Elles se révèlent modérément toxiques pour les insectes utiles et franchement toxiques pour les poissons, les reptiles et les amphibiens. Traitez le soir.

Le savon de Marseille

Il est obtenu par la saponification avec de la potasse d'huile végétale extraite des graines de certaines plantes (colza, tournesol, soja, etc.). Jumelé aux insecticides na-

3

4

turels, il permet une action de trempage adhésif. Dilué dans l'eau, il exerce une action insecticide par le contact, en endommageant la cuticule cireuse des **aleurodes**, des **acariens**, des **thrips** et des **cochenilles**, et supprime également le miellat sécrété par les pucerons et les autres insectes suceurs.

LES DOSES Il est utilisé dans la proportion de 1 kg de paillettes de savon de Marseille pour 100 l d'eau. Pulvérisez avec un jet très fort, pour assurer l'effet couvrant de lavage. Ce produit est biodégradable et non toxique pour les plantes, mais il peut endommager les insectes utiles et les organismes aquatiques.

Remèdes contre les maladies d'origine microbienne

Il existe des micro-organismes pathogènes (surtout bactéries et champignons), dont beaucoup passent une bonne partie de leur vie dans le sol, ou bien dans les déchets des feuilles mortes pendant les mois les plus froids de l'année, pour devenir virulents lorsque l'humidité et la température ambiante sont idéales, c'est-à-dire au printemps. Pour y faire obstacle, on peut recourir à différents remèdes.

L'extrait d'ail et d'oignon

Il est doté d'une **action antiparasitaire**, liée surtout au contenu élevé de substances antibiotiques (*allicine*) et de composés organiques sulfurés (*huiles essentielles*). L'extrait aqueux combat le **mildiou** et la **cladosporiose** du concombre, ainsi que l'**anthracnose** et le **feu bactérien** du haricot.

LES DOSES 750 g de bulbes hachés dans 100 l d'eau, ou bien 5 kg de plantes fraîches (2 kg si desséchées). Utilisez l'infusion non diluée directement sur les plantes ou sur le sol, ou bien sa macération, non diluée, directement sur les plantes, contre la mouche de la carotte, pendant la métamorphose.

Le bicarbonate de soude

D'usage courant en cuisine et à la maison, il a démontré sa capacité de contrôle de

1

certaines maladies fongiques, l'**oïdium** en particulier, des cucurbitacées (pastèque, melon, courge, courgette).

LES DOSES On utilise 400-500 g de produit pour 100 l d'eau. Les traitements doivent être réalisés avec une cadence hebdomadaire.
Une plus grande efficacité est obtenue par prévention.

L'oxychlorure de cuivre

Il a des propriétés fongicides très prononcées et il est souvent utilisé pour sa rapidité d'action et pour la phytotoxicité réduite, contre le **mildiou**, la **rouille**, la **septoriose**, l'**anthracnose**, l'**alternariose**, la **cladosporiose**, la **cercosporiose** et diverses autres maladies fongiques. Il est légèrement toxique pour les abeilles et pour certains insectes utiles.

La bouillie bordelaise

C'est un mélange à base de cuivre, à utiliser contre les nombreuses maladies cryptogamiques, parmi lesquelles le **mildiou**, la **septoriose**, l'**anthracnose**, l'**alternariose**, etc. Il est toxique pour les abeilles.

Le soufre

Il exerce une action déshydratante sur le mycélium de l'**oïdium**, souvent présent sous forme de poussière blanchâtre sur les courgettes et les chicorées, conduisant les plantes à la mort. À des températures très élevées, le soufre peut cependant se révéler toxique pour de nombreuses plantes : employez avec précaution.

LES DOSES Pour les trois derniers produits cités, les doses varient selon le légume et le type d'utilisation : référez-vous aux indications reportées sur l'emballage.

Effets de quelques maladies fongiques : alternariose sur aubergine (1), mildiou sur tomate (2) et cercosporiose sur chicorée (3).

Un potager chez soi

Si vous ne disposez pas d'un espace suffisant pour réaliser un potager, mais vous ne voulez pas renoncer à la culture de quelques légumes d'entretien facile (céleri, carotte et laitue), vous pouvez exploiter un angle de la terrasse (mais également du jardin), en construisant une structure délimitée et pourvue d'un fond imperméable, dans lequel vous pouvez poser une couche de terre d'au moins 20 centimètres. Compte tenu de la lourde charge que vous pouvez obtenir, il est conseillé de faire les contrôles nécessaires sur l'étanchéité du plafond avant d'accomplir le travail.

Les fiches des principaux légumes

Les fiches proposées dans les prochaines pages sont consacrées aux légumes les plus répandus, cultivés avec succès à toutes les latitudes du pays.

▪ Lorsque la terre est bien travaillée, fertilisée, maintenue propre vis-à-vis des herbes sauvages et bien arrosée, il n'en faut pas plus pour **avoir la main verte**, ou bien avoir ce sentiment de la terre et de ses rythmes, qui font agir au bon moment, avec opportunité et bon sens. Pour devenir un expert, la curiosité est un atout important ; elle pousse à questionner les vieux paysans pour découvrir les secrets de leurs récoltes, à lire et relire les règles de culture afin de les mémoriser.

▪ Pour chaque légume, ont été fournies des suggestions pour effectuer une culture sûre et efficace ; en outre, quelques-unes des variétés les plus importantes, les moins vulnérables aux maladies et aux indésirables, sont signalées, avec des conseils de prévention et de soin. Un espace, enfin, est également consacré aux propriétés bénéfiques des produits du jardin.

La recherche d'une harmonie

Le bon conseil est de ne jamais forcer la nature qui, généreuse et flexible, pardonne aux inexpérimentés, mais se rebelle contre ceux qui ne respectent pas son calendrier et ses cycles. Même si vous décidez de ne pas suivre à la lettre les préceptes de l'horticulture biologique, **évitez l'emploi de pesticides** : il serait déplorable d'« empoisonner » les plantes destinées aux consommations familiales, qui représentent une source importante de bien-être pour l'organisme humain. Sauvegarder l'environnement nous permet à tous d'apprécier les dons de la nature en sécurité absolue.

EN FACE :
dans le potager, quelques opérations culturales précises peuvent garantir une production abondante et prolongée.

Allium sativum

ail

L'ensemencement

Avant de procéder au semis des bulbilles, il faut préparer le lit de semences, en comblant d'éventuels affaissements des plates-bandes, de façon à empêcher l'eau stagnante. Choisissez ensuite les bulbilles (*gousses*) les plus à l'extérieur du bulbe, ou bien celles de forme plus arquée, et traitez-les avec un produit en poudre pour éviter toute pourriture (par exemple 5 g d'oxychlorure de cuivre-50). Tracez des rangées distantes de 25 à 30 cm l'une de l'autre et placez les bulbilles à 10-15 cm entre elles et à une profondeur de 5 cm.

- Il se sème au printemps pour les régions septentrionales, et en automne pour celles méridionales. Le semis automnal garantit des bulbes de plus grosses dimensions.

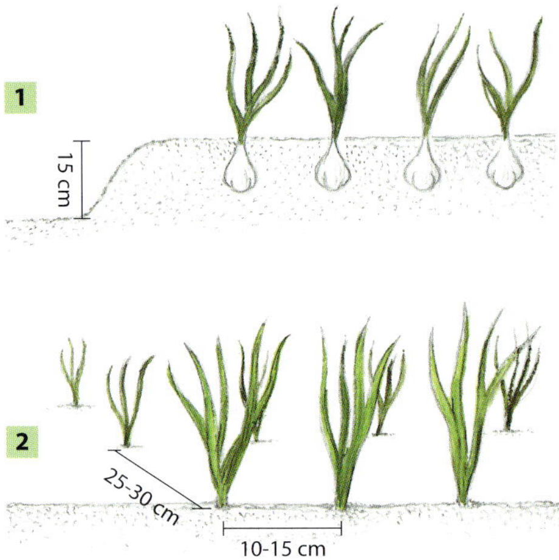

Pour un meilleur drainage de l'eau, il vaut mieux surélever les plates-bandes de culture d'au moins 15 cm (1). Respectez la bonne distance de plantation (2).

Les travaux dans le potager

	JANVIER	FÉVRIER	MARS	AVRIL	MAI	JUIN	JUILLET	AOÛT	SEPTEMBRE	OCTOBRE	NOVEMBRE	DÉCEMBRE
semis		x	x							x	x	
récolte						x	x	x				

Soins de culture

▪ L'ail est une plante très rustique et il s'adapte facilement aux différentes conditions de culture. Les soins seront donc limités à l'arrachage des **mauvaises herbes** et au **sarclage** du sol pour briser la croûte superficielle et pour faciliter l'écoulement de l'eau.

▪ L'**irrigation** devra être effectuée seulement en cas de sécheresse prolongée.

La récolte

La récolte commence lorsque la végétation sèche et va de fin juin (au Nord) à début juillet, pour poursuivre jusqu'en août.

▪ Après la récolte, les têtes doivent être laissées **sécher** jusqu'à ce qu'elles se détachent facilement du reste de la plante.

Variétés

AIL BLANC c'est la variété la plus cultivée en France, soit pour la qualité, soit pour la quantité produite.

AIL ROSE cultivé principalement dans les régions méridionales, il est plus précoce que le précédent, dont il se distingue par la peau extérieure du bulbille, de couleur rose, et par le goût moins intense. Il se consomme frais.

AIL ROUGE plus connu sous le nom de Rouge de Sulmona, il se présente de couleur blanche à l'extérieur du bulbe, alors que la peau extérieure des bulbilles est caractérisée par une tonalité légèrement violacée. Son goût est plus prononcé que les autres variétés d'ail et, de plus, il se conserve mieux.

Propriétés et bénéfices

L'ail a des propriétés **hypotensives**, il est donc indiqué pour les personnes souffrant d'hypertension artérielle. Il est, en outre, un **antiseptique** des voies aériennes, **bactéricide** (surtout contre les micro-organismes responsables des infections intestinales). Il stimule la sécrétion de la bile et il est utile en cas de besoin d'un rappel de sang dans les tissus (rhumatismes, torticolis etc.).

Prévention des maladies

Fusariose et nématodes Faites la rotation des cultures à long terme : 3-4 années avant de planter l'ail ou d'autres légumes de la même famille (oignon, échalote, poireau) dans la même plate-bande. La couverture du sol avec des toiles plastiques transparentes (solarisation) est très utile, pour 1 à 2 mois entre juillet et août.

Botrytis, pourriture blanche, pourriture verte Eviter de planter dans les sols des eaux stagnantes ; traiter le drainage de l'eau ; faire les plantations à la fin de l'hiver.

Teigne Elle est difficile à combattre, puisque les larves sont à l'intérieur des feuilles ; il faut éliminer rapidement les plantes atteintes.

Solanum melongena

aubergine

Semis et repiquage

Préparez les plates-bandes pour le repiquage des aubergines, en bêchant la terre à 30-40 cm de profondeur, et surélevez les rangs pour permettre un drainage rapide des eaux en surface et des irrigations par infiltration latérale. Tracez les lignes à une distance d'environ 80 à 100 cm entre elles, alors que les jeunes plantules seront séparées d'environ 50 à 70 cm les unes des autres. La plantation se fera en enterrant les jeunes racines à 7 ou 8 cm de profondeur. Utilisez des plantules ayant 4 à 5 feuilles bien développées. Baignez-les régulièrement mais avec parcimonie. En plein air, l'époque de repiquage commence fin avril jusqu'à fin mai.

Soins de culture

- Éliminez les herbes sauvages avec des **sarclages** réguliers, qui ont également pour but de rendre le terrain plus aéré. Faites aussi un léger buttage, qui permet une irrigation plus facile à la base des plantes et offre un appui.

- Le **paillage** est une excellente technique de culture, puisqu'elle permet une réduction draconienne des interventions de nettoyage ; il s'effectue avec des films plastiques noirs.

Les travaux dans le potager

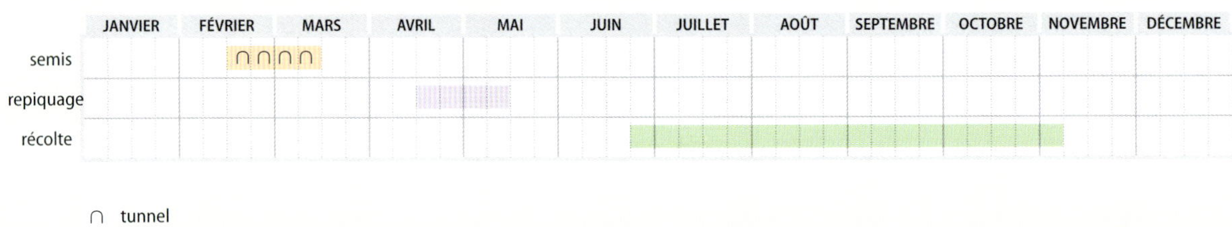

Propriétés et bénéfices

L'aubergine normalise les fonctions du foie, réduit le taux de cholestérol dans le sang, stimule la diurèse et l'élimination des déchets azotés. C'est un **dépuratif** général, un **désintoxiquant** et un **reconstituant**, par exemple après des maladies ou des traitements par antibiotiques. En usage externe, la pulpe fraîche peut être utilisée pour atténuer les rougeurs de la peau et les brûlures.

▪ D'abondantes et fréquentes **irrigations** pendant la période estivale apportent de grands bénéfices aux aubergines, pourvu que l'eau baigne la terre et non pas les feuilles.

▪ Un **tuteur** de 1 m de haut est presque indispensable pour attacher la plante afin d'en assurer la stabilité, spécialement lorsqu'elle est en pleine production.

Récolte

La récolte s'effectue lorsque les fruits ont atteint la taille et la couleur typiques de la variété : au moment de l'opération, il est utile de les tourner, de façon à détacher aussi la queue. Il est conseillé de ne pas trop retarder cette récolte, car les fruits, en vieillissant, deviennent durs, leur peau se décolore et les graines ont un goût amer.

Le tuteur pour soutenir la tige de la plante doit être attaché par cette tige principale (A) et à la branche (B) de la première ramification.

Variétés

RONDES, STANDARD *Black Beauty, Ronde de Florence, Petite Génoise, Ronde Blanche à reflet rose.*
HYBRIDES *Nite King, Purpura.*
OVALES, STANDARD *Florida Market, Blanche Ovale.*
HYBRIDES *Bonica, Galine.*
LONGUES, STANDARD *Long Purple, de Rimini.*
HYBRIDES *Baluroi, Marfa, Sicile.*

Prévention des maladies

Verticilloses Faites des rotations d'au moins 3 ans ; utilisez des plantes greffées sur la tomate *Kyndia F1* résistant à la maladie.

Phoma et Alternaria Limitez les fertilisants ; irriguez par infiltration latérale ; si nécessaire, effectuez un traitement préventif avec de l'oxychlorure de cuivre-20 (70-90 g/10 l d'eau).

Daucus carota

carotte

L'ensemencement

Les plates-bandes doivent être relevées de 10 à 15 cm par rapport au niveau du sol. Ayez une attention particulière à l'émiettement du sol, qui devra être travaillé de préférence à l'automne précédant le semis, parce que le gel affine les mottes. Tracez des rangs distants entre eux de 20 à 25 cm et répandez les graines à raison de 1 g par m^2. En considérant que la température minimum nécessaire à la germination est de 10 °C, les semis peuvent commencer au mois de mars. La germination se produit après 10 à 15 jours.
Pour s'assurer un produit toujours frais, on peut effectuer des semis à intervalle d'un mois, jusqu'en juin, et encore un semis fin juillet pour la récolte automnale.

Soins de culture

- La première opération d'**éclaircissage** est effectuée lorsque les plantules ont atteint 4 cm de hauteur, et elle se répète lorsque les plantules restantes seront hautes d'environ 8 cm, de façon à ce qu'il reste 7 à 10 cm d'une plante à l'autre.

- Les périodes de sécheresse sont à l'origine du ralentissement, et même de l'arrêt de la croissance de la racine, qui risque de devenir fibreuse, si bien qu'elle doit être souvent **irriguée**, par arrosage ou par la pluie.

Les travaux dans le potager

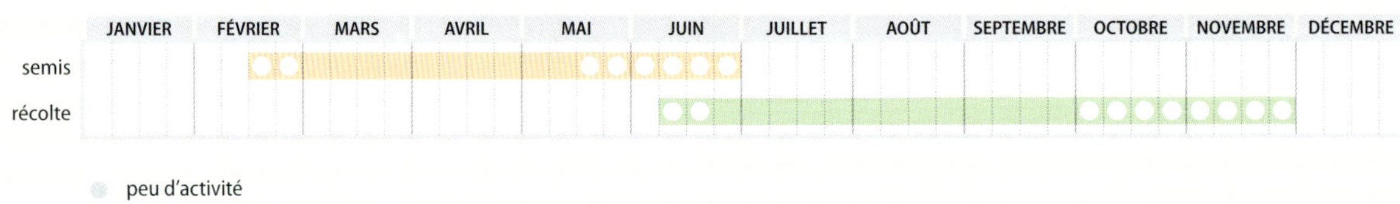

▪ Lorsque le feuillage sera abondant, on peut faire des sillons entre les rangs pour y canaliser l'eau. Au début, la croissance est lente : il est donc probable que des **herbes sauvages** s'installent entre les rangs et à proximité des plantules. Effectuez le **sarclage** entre les rangs, et arrachez à la main des herbes sauvages sur le rang, en cherchant en même temps à recouvrir de terre, les éventuelles racines exposées à la lumière, parce qu'elles deviendraient vertes.

Récolte

Pour les variétés longues, elle commence en juin et se poursuit jusqu'en novembre. Les variétés précoces printanières, à racine courte, sont prêtes 40 jours après le semis.

Propriétés et bénéfices

La carotte contient des quantités élevées de **carotène**, précurseur de la vitamine A, et de la vitamine C. En outre, **elle atténue les inflammations** de l'estomac et de l'intestin, elle stimule la **diurèse** et **épure** l'organisme ; elle décongestionne et purifie les inflammations de peaux, apaise les coups de soleil et agit comme stimulant cutané. Les graines de carotte ont des propriétés apéritives et digestives et augmentent la lactation.

Prévention des maladies

Pourritures et Sclerotinia Faites la rotation des cultures à long terme (3 à 4 années) et drainez l'eau du terrain ; il faut éviter l'utilisation de fumier et de fertilisation trop abondante et enlever les déchets des cultures.
Alternaria Effectuez des fertilisations non abondantes ; adoptez le système d'irrigation par infiltration latérale pour ne pas baigner les feuilles ; maintenez les plantes à une certaine distance ; si c'est indispensable, faites un traitement à base d'oxychlorure de cuivre-20 (60-80 g/10 l d'eau).

Variétés

RACINE COURTE *Ronde de Paris, Rouge de Hollande, Rouge Courte (précoces).*

RACINE DEMI LONGUE *Nantaise de Chantenay, Marché de Paris, Rouge d'Amsterdam.*

RACINE LONGUE *Berlicum, Florence, Longue de Naples, Longue de Saint Valéry.*

Tracez des rangs distants de 20 à 30 cm environ et placez-y la graine. Après l'éclaircissage, il devrait rester 80 à 100 plantes par m².

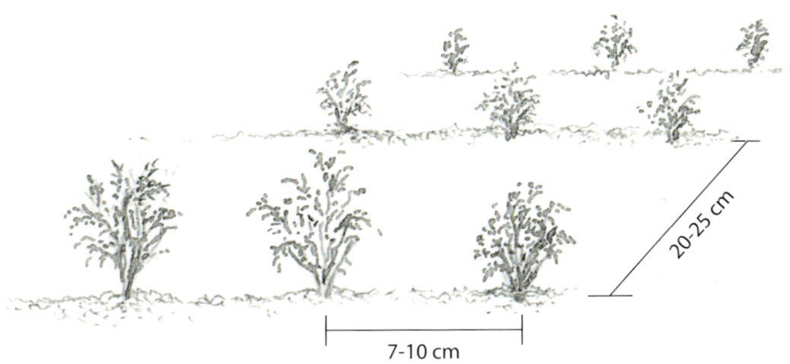

Apium graveolens dulce

céleri

Semis et repiquage

Il se sème à l'abri, en pépinière, au début du printemps, en repiquant une première fois les jeunes plantules lorsqu'elles ont 2 à 4 feuilles. Elles pourront être transplantées définitivement en pleine terre, seulement avec une hausse des températures. Semez toujours très légèrement : un gramme de semence de céleri contient jusqu'à 2000 graines !

Divers systèmes de blanchiment.

Les céleris pour la consommation automnale et hivernale peuvent par contre être semés directement dans le potager en mai-juin. Les plates-bandes devront être surélevées de 10 à 15 cm, afin de réduire le risque de stagnation d'eau.
Effectuez le repiquage des plantules qui ont atteint une hauteur d'environ 15 cm pendant des journées couvertes ou bien dans la soirée, en arrosant immédiatement après, parce que la terre reste fraîche. Le céleri, en effet, souffre un peu du repiquage, surtout dans les terrains secs et exposés en plein soleil. Les distances de transplantation sont de 50 cm entre les rangs et de 30 cm sur le rang.

Soins de culture

- Intervenez périodiquement entre les rangs, avec des **binages** pour éliminer les mauvaises herbes et briser la croûte sur la surface de la terre.

▪ L'**irrigation** devra se faire de façon régulière et être légère, sans jamais baigner les feuilles pour ne pas favoriser l'apparition de maladies. La sècheresse rend les côtes dures et fibreuses.

▪ Pour effectuer le **blanchiment**, procédez à la ligature des plantes sèches et couvrez de terre la base des pieds. Les côtes extérieures, plus vertes et tenaces, serviront comme arôme en cuisine, alors que celles de l'intérieur, claires et croquantes, pourront être consommées crues.

Récolte

Pendant tout le cycle de culture, on peut supprimer les côtes extérieures à la main. Une fois que le céleri a atteint sa pleine croissance, les pieds seront ensuite récoltés entièrement, en les coupant à la base avec un couteau tranchant.

Propriétés et bénéfices

Les feuilles et les racines ont des propriétés **diurétiques**, **sudorifères** et **dépuratives**, et elles permettent de retrouver le bien être en cas de rhumatismes, d'urémie et de calculs biliaires. De plus, le céleri stimule la **digestion** et la sécrétion biliaire. Le jus centrifugé, bu avant les repas, est un excellent **reminéralisant**. Les fruits du céleri, qui mûrissent pendant la seconde année de culture, favorisent l'**élimination des gaz** intestinaux.

Prévention des maladies

Rhizoctonia, Sclerotina et bactérioses Effectuez la rotation des cultures (attendez 3 à 4 ans avant de cultiver le céleri dans la même plate-bande) ; respectez les distances de repiquage ; assurez-vous d'un excellent drainage des eaux de pluie.

Septorioses Effectuez la rotation des cultures ; respectez les distances de repiquage ; ne baignez pas les feuilles ; blanchissez seulement les plantes sèches.

Sclerotinia

Variétés

A CÔTES VERTES *Céleri branche Vert d'Elne, Géant de Romagne, Vert à couper.*

A CÔTES BLANCHES *Doré d'Asti, Blanc.*

A CÔTES ROUGES Il supporte mieux le froid : *Rouge de Turin, Martine Red.*

CÉLERI-RAVE *Géant de Prague, De Paris.*

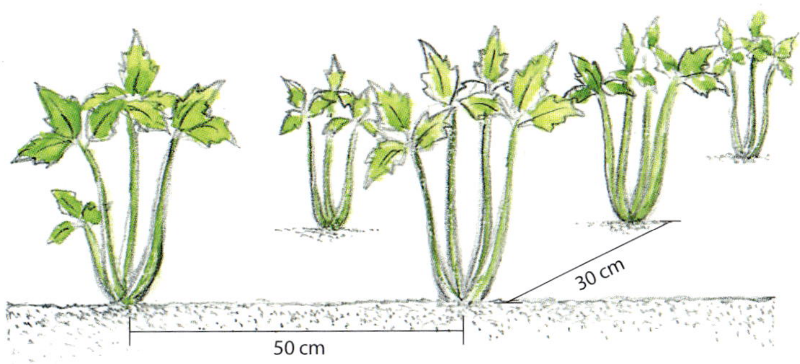

Distances de plantation du céleri.

Cichorium intybus

chicorée

A DROITE:
Chicorée de Vérone, reconnaissable par ses traînées rougeâtres (voir fiche suivante, page 54).

On connaît des formes sauvages et de nombreuses variétés qui, en fonction de leur utilisation pour l'alimentation, sont classées en chicorées à feuilles (voir aussi *Chicorée de Trevise*, fiche suivante), à pousses ou à tiges, à racines ou chicorée à café. La chicorée est une plante rustique qui donne les meilleurs résultats dans les terrains fertiles, frais, bien travaillés.

chicorée sauvage

Semis et repiquage

La préparation du lit de semence doit être soignée pour des semis en périodes diverses : au début du printemps pour les chicorées à feuilles vertes, de fin mai à juillet pour les chicorées d'automne ou d'hiver, qui peuvent également être soumises à une mise en forçage sur les mois d'hiver.

▪ Vous pouvez aussi commencer le **repiquage** des plantules produites dans des pépinières.

Au moment de l'achat, vous devez prêter attention au développement de la racine, à la compacité des feuilles et à l'absence de maladies.

Une fois que le terrain est prêt, tracez des lignes distantes de 20 à 25 cm entre elles ; sur la ligne, placez les plantules dans des petits trous à une distance d'environ 20 à 25 cm et à une profondeur d'environ 5 à 9 cm (en terrains sableux même à 9 cm, et plus en surface pour les terrains lourds), ensuite buttez la terre autour de la plante.

Soins de culture

▪ Il faut éliminer les **herbes sauvages** car elles augmentent les probabilités de transmission de dangereux virus, transportés par les pucerons.

▪ L'**irrigation**, fondamentale pour les chicorées estivales, doit être exécutée sans baigner les feuilles. Lorsqu'il fait très chaud, une bonne administration d'eau permet de réduire la préfloraison, qui empêche la formation de touffes de feuilles comestibles.

Récolte

Lorsque les dimensions et la consistance des variétés sont atteintes, on procède à la récolte, en coupant les feuilles à la base, au niveau du col. Les feuilles extérieures, plus dures, seront éliminées.

Variétés

CHICORÉES À FEUILLES *Sauvage*, à feuilles vertes foncées ou brunes rougeâtres, poilues ; *Pain de Sucre*, à larges feuilles serrées les unes contre les autres et qui blanchissent ; *Chicorée de Trévise* et *Chicorée de Vérone* (voir page suivante). Les trois dernières variétés citées se prêtent à la pratique du forçage.

CHICORÉES À GROSSE RACINE *Chicorée de Magdebourg* et *Chicorée Witloof* (endive).
Cette dernière, avec le forçage d'hiver à l'abri, fait des pousses blanches, tendres et amères, est connue aussi sous le nom de *Chicorée de Bruxelles.*

Propriétés et bénéfices

Exquises en salade, les chicorées peuvent également être utilisées en décoctions, infusions et teintures pour le bien-être de l'organisme. Les feuilles stimulent les fonctions intestinales, du foie et des reins, avec un effet **dépuratif** et **désintoxiquant**.

Prévention des maladies

Moisissure grise, Sclerotinia et Pythium
Faites la rotation des cultures (2-3 ans avant de replanter la chicorée dans le même terrain) ; garantissez un bon drainage de l'eau du sol ; détruisez les déchets de culture. Avec une infection en cours, vous pouvez tenter de limiter les dégâts, en réalisant des pulvérisations localisées avec une solution d'oxychlorure de cuivre-20 (80-90 g/10 l d'eau) en cherchant à bien baigner le col.

Sclerotinia de la chicorée

Bremia, Alternaria, moisissure grise et oïdium
Faites la rotation des cultures ; ne faites pas de transplantations trop épaisses. Certaines variétés sont plus résistantes à la bremia (*Columbus, Lido, Big Boston, Elsa, Jessy, Saladin, Malika, Odessa, Melissa, Canasta*). Lorsque les têtes seront attachées pour le blanchiment, les plantes doivent être bien sèches.

Cichorium intybus

chicorée de Trévise

Semis et repiquage

Le semis peut se faire à toutes les périodes de l'année (sauf les plus froides), mais ces salades sont plus appréciées pendant la période hivernale et printanière, par conséquent la culture démarre à partir du début de l'été, dans un terrain bien nettoyé et pas trop fertile. On peut également procéder au repiquage de jeunes plantes, achetées avec des racines déjà bien développées et les premières feuilles qui forment un début de rosette. La plantation se fait dans des rangs distants de 25 à 35 cm, et avec une distance sur le rang de 25 à 30 cm, en enterrant les racines à une profondeur plus importante dans les terrains sableux.

Soins de culture

- Les interventions d'enlèvement des **herbes sauvages** sont importantes, puisqu'elles soustraient les éléments nutritifs du sol.
- L'**irrigation**, essentielle pour les premières transplantations d'été, devra être effectuée par infiltration latérale, avec des mouillages légers et à fréquence quotidienne. Cette pratique, en plus d'éviter aux plantes de flétrir dangereusement, réduira au minimum la possibilité de voir une floraison anticipée.
- En automne, lorsque les pommes sont complètement développées, on peut procéder au blanchiment pour rendre les feuilles du cœur plus tendres.

Il faut attacher la pomme lorsque les feuilles sont sèches, de façon à accentuer le blanchiment de la nervure centrale.

Chicorée de Vérone

Chicorée de Trévise

Chicorée précoce de Trévise

Propriétés et bénéfices

La chicorée est riche en **fibres**, **sels minéraux** et **vitamines**, a des propriétés **dépuratives** et est conseillée en cas de constipation, de problèmes de peau, d'arthrites et de rhumatismes. Elle est utile en cas de **diabète** et d'**insomnie** et elle rentre dans les régimes contre l'**obésité**.

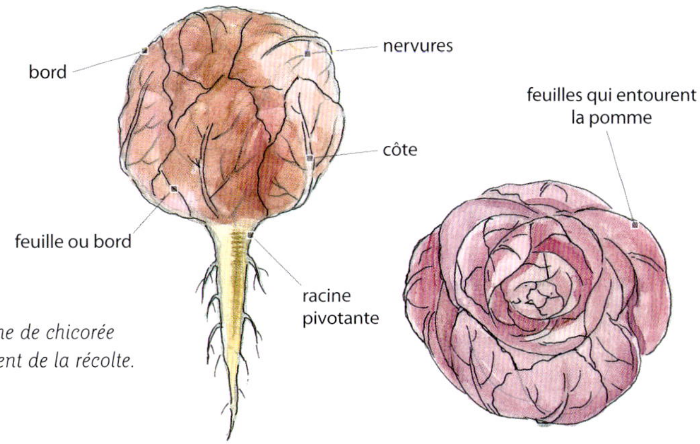

La pomme de chicorée au moment de la récolte.

Récolte

Elle consiste à couper la chicorée sous la pomme, à la hauteur du collet, avec un couteau tranchant. On élimine ainsi les feuilles extérieures, endommagées ou pourries. Si on laisse dans le sol les grosses racines pivotantes, au début du printemps il est possible faire une seconde récolte de petites feuilles tendres et colorées, avant d'éliminer les restes de la culture et de bêcher la terre pour prévoir les nouvelles cultures.

- En moyenne, pour 1 m² de terrain on obtient 1,5 à 3 kg de chicorée.

Variétés

CHICORÉE ROUGE DE VÉRONE pomme ronde, feuilles douces rouge vif.

CHICORÉE DE TRÉVISE feuilles longues, rouges, très amères, avec des nervures centrales très accentuées. Variété très prisée dans les variantes précoces et tardives.

CHICORÉE CHIOGGIA pomme ronde de grosse taille, avec des feuilles bariolées de couleur blanc crème.

Prévention des maladies

Moisissure grise et Sclerotinia Effectuer la rotation des cultures ; garantir un excellent drainage du terrain ; seulement si nécessaire, intervenir avec des pulvérisations, plante par plante, avec une solution d'oxychlorure de cuivre-20 (80-90 grammes pour 10 l d'eau) en cherchant à bien baigner le collet.

Moisissure grise et oïdium Effectuez la rotation des cultures ; respectez les distances de repiquage ; limitez les fertilisations ; irriguez sans baigner les feuilles ; lorsque vous attachez les pommes pour le blanchiment, procédez uniquement si les feuilles sont bien sèches.

trachéomycose de la chicorée

Brassica oleracea

choux

A DROITE : *les feuilles larges typiques qui distinguent le chou vert.*

Cette espèce se distingue dans de nombreuses variétés : *Brassica oleracea capitata* est cultivée pour ses feuilles lisses (chou vert) ou cloquées (chou de Milan) ; *B. o. bullata gemmifera* (choux de Bruxelles) pour ses pousses sphériques et tendres qui se forment à l'aisselle des feuilles ; *B. o. botrytis cymosa* (brocoli) pour ses bourgeons de fleurs, comme le chou-fleur (*B. o. botrytis*) ; *B. o. acephala* (chou palmier noir) pour ses feuilles subtiles et douces.

Semis et repiquage

chou-fleur

Les choux demandent des terrains fertiles, bien travaillés et structurés. La préparation du terrain, à la fin du printemps ou début de l'été, prévoit un bêchage profond et une bonne finition en surface. Semez en pépinière au printemps en utilisant 2 à 3 g de graine par m^2. Après 10 à 15 jours, les plantules vont commencer la formation des feuilles.

- Lorsqu'ils atteignent 20 à 30 cm de hauteur et qu'ils ont **4 à 5 vraies feuilles**, on peut les repiquer en plein champ, espacés de 30 à 40 cm sur des rangs distants de 70 centimètres entre eux. Veillez à l'irrigation après la transplantation.

Soins de culture

- A 15 jours de la transplantation, commencez le **sarclage**, soit entre les rangs, soit sur le rang pour maintenir le sol propre par rapport aux herbes sauvages.

- Lorsque les plantes seront vigoureuses, **buttez** la base avec la terre. Cette opération servira également à garantir une stabilité aux variétés qui, en plein développement, sont très lourdes, comme par exemple le chou-fleur et le chou de Milan.

- L'**irrigation** devra être abondante surtout pendant la période qui suit la transplantation, pour éviter que les jeunes plantes aillent au-devant de stress hydriques irréversibles. Dans les cultures automnales, il faut éviter le phénomène de la floraison anticipée, ce qui rend les plantes inappropriées à la consommation.

Récolte

La récolte s'effectue lorsque les parties destinées à la consommation atteignent les dimensions et la consistance typiques des variétés. Pour les choux de Bruxelles, les brocolis et les choux palmiers noirs, la récolte est échelonnée et peut se produire pendant toute la période qui se situe entre l'automne et le printemps. Le rendement de la récolte est toujours important ; pour les choux verts, le rendement s'élève environ entre 20 et 30 kg en moyenne pour 10 m^2 de terrain.

Variétés

CHOU CABUS *Express*, avec la pomme conique, le pied court, printanier ; *Coeur de Boeu*, semi précoce, printanier ; *Chou cabus de Brunswick hollandais ; Quintal d'Alsace tardif ; Rouge Tête de Nègre.*

CHOU MILAN *De Naples*, précoce estival ; *Savoy King F1* automnal ; *de Milan, Naples Tardif, Prince d'Hiver*, tous à production hivernale.

CHOU DE BRUXELLES *Jade Cross*, précoce et adapté à la culture en région chaude ; *Perfection*, à récolter entre l'hiver et lé début du printemps.

CHOU-FLEUR parmi les variétés à récolte automnale précoce, *Chou-fleur précoce de Toscane et Merveille de Toutes Saisons* ; parmi les variétés tardives et hivernales *Romanesco Natalino, Boule de Neige et Géant de Naples tardif.*

D'autres choux

LE CHOU RAVE (*Brassica gongiloides*) n'est pas très répandu. Il est cultivé pour sa tige, de la taille d'un gros navet ; juteux et aromatique, il se consomme cru et cuit.

LE CHOU CHINOIS OU PE-TSAÏ (*Brassica sinensis*) est devenu célèbre avec la propagation de la cuisine orientale. Semblable à la chicorée *Pain de sucre*, il se consomme cru ou cuit. Récoltez au début de l'automne.

Prévention des maladies

Fusarioses et Phoma Elles frappent particulièrement les choux dans leurs premières phases de développement ; vous devez démarrer avec des plantules sains, produits par vous-même.

Piéride de la rave ou Petit Blanc du Chou
Elles sont la cause la plus fréquente de dégâts sur les feuilles ; si elles sont peu nombreuses, il suffit de les ramasser à la main, mais en cas de forte infestation, vous pouvez utiliser le *Bacillus thuringiensis* (10-20 g/10 l d'eau), en attendant ensuite 3 jours avant de récolter.

Papillon adulte et chenille de la Piéride

Cucumis sativus

concombre

Semis et repiquage

Posez les graines par groupe de 2 ou 3, à environ 3 cm de profondeur, directement dans la terre, à une distance de 40 à 50 centimètres. Une fois que les graines ont germé, effectuez l'éclaircissement en laissant les plantules les plus vigoureuses. Les semis ont lieu à partir de mai en plein air, mais ils peuvent se commencer en mars, à l'abri dans des pots individuels, en plaçant 3 graines dans chaque pot. Ensuite, il faudra garder seulement la plante la plus vigoureuse, à repiquerer en plein air au mois de mai.

Soins de culture

- Éliminez les **mauvaises herbes**, surtout pendant la première période de croissance.
- Après la formation de 3 à 4 feuilles, procédez au **pincement**, pour faciliter le développement des pousses latérales : on obtient des plantes plus compactes, avec un nombre plus important de fruits.
- L'**irrigation** doit être régulière et abondante pendant les périodes très chaudes, autrement les fruits deviennent légèrement amers. Toutefois, l'excès d'eau peut faire pourrir les plantes.

Les travaux dans le potager

	JANVIER	FÉVRIER	MARS	AVRIL	MAI	JUIN	JUILLET	AOÛT	SEPTEMBRE	OCTOBRE	NOVEMBRE	DÉCEMBRE
semis	∩∩	∩∩	∩∩	∩∩∩—	————	●●●						
repiquage			∩∩	∩	—	———●	●					
récolte					∩∩	∩∩∩—	————	———●	●●●			

● peu d'activité ∩ tunnel

▪ On peut laisser courir la végétation sur le sol, ou bien la faire grimper en réalisant des **structures de soutien** appropriées.

Récolte

Au moment où les dimensions et la consistance de la variété cultivée sont atteintes, procédez à la récolte des fruits, en les détachant avec un canif pour éviter d'endommager la tige ou la peau du fruit lui-même.
La récolte se prolonge, très abondante et continue, de juin à septembre.

Variétés

À PETIT FRUIT *Wisconsin, Cornichon vert Petit de Paris, Blitz, Bounty* appropriés pour la préparation saumurée, s'ils sont ramassés en longueur de 4 à 10 cm.

À FRUIT MOYEN *Marketer* et *Marketmore* vert foncé, de 18 à 24 cm de longueur.

À FRUIT LONG *Brunex, Daleva* rainurés, longs de 30 à 35 cm.

Propriétés et bénéfices

Le fruit du concombre contient beaucoup d'eau, de sels minéraux, d'aminoacides, de vitamine C et de carotène, qui lui confèrent des propriétés **diurétiques** et **dépuratives**. Le fruit peut être consommé frais, en salade ou bien centrifugé et dilué dans de l'eau comme boisson désaltérante. Une utilisation intéressante est dans la cosmétique ; la pulpe a la propriété d'éclaircir la peau, en la décongestionnant et en l'hydratant.

Prévention des maladies

Fusarioses et pourritures Utilisez des semences saines et désinfectées ; servez vous d'un terreau stérile pour la production de la plantation ; effectuez la rotation des cultures.

Oïdium Seulement si c'est indispensable, à cause d'une grave attaque, on peut intervenir avec du soufre mouillable-80 (10 g/10 l d'eau) durant les heures les plus fraîches, et en évitant de récolter les fruits pendant au moins 7 jours. Si le problème se répète tous les ans, plantez uniquement des variétés et des hybrides de première génération (F1) résistant à cette maladie cryptogamique, tels que *Green Fall F1, Sensation F1, Kudos F1, Triumph F1, Scout F1, Darina F1, Columbus F1, Egnazia F1.*

La plante du concombre peut être mise en terre ou à la verticale, en utilisant des structures de soutien constituées de poteaux en bois et de fil de fer.

Cucurbita maxima, C. moschata

courges

courge globulaire

courge allongée

courge turban

courge aplatie

Semis et repiquage

Après une préparation soignée du terrain, en ajoutant une grande quantité de fumier ou de compost, semez directement en pleine terre, avec la technique des semis en poquet : posez 3 graines dans le même trou, à une profondeur d'environ 2 à 3 cm, avec la partie pointue de la graine tournée vers le bas pour favoriser la formation des racines. Le semis se fait à partir de la fin avril jusqu'aux derniers jours de mai. Pour anticiper la production, il faut agir dans un endroit protégé (à une température minimum de 18 °C), en semant dans des godets individuels dès le début du printemps. Une fois que la germination s'est produite, et de toute façon pas avant que les plantules

aient 2 à 3 feuilles vraies, procédez à l'éclaircissement dans chaque poquet, en conservant uniquement la plante la plus saine et la plus vigoureuse, qui doit se trouver à environ 1,5 m sur le rang (une distance identique doit être tenue entre les rangs).

Soins de culture

▪ En vue de la surface découverte importante pendant la période initiale de développement des plantules, les interventions de nettoyage des **herbes sauvages** seront très

Les travaux dans le potager

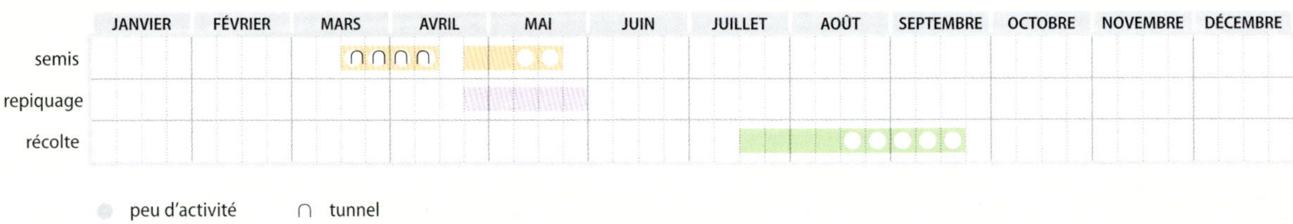

fréquentes et primordiales. Une fois la couverture végétale atteinte, ce problème est résolu. Pour éviter le travail de sarclage, il est utile d'effectuer la plantation sur le film plastique noir, qui de plus maintient la terre au chaud comme le demande ce légume.

- Effectuez le **pincement** de l'apex végétatif lorsque 4 à 5 feuilles se sont développées ; même si elle n'est pas indispensable, cette pratique sert à rendre les plantes plus compactes et productives.

- Pour obtenir des courges de grosses tailles, il faut **éclaircir les fruits** (2 au maximum ; 5 à 6 fruits dans les variétés ayant des petits fruits). Les petits fruits en trop doivent être enlevés lorsqu'ils ont atteint la taille d'une noix.

- **Irriguez** régulièrement en été, jusqu'à la croissance complète des fruits, ensuite suspendez les arrosages. Évitez de baigner les feuilles.

Récolte

Lorsque l'on aperçoit que la végétation commence à flétrir, et que le pédoncule se dessèche, les courges sont prêtes à être récoltées. Bien que les premiers fruits puissent déjà être enlevés au début de septembre, le séjour en terre jusqu'aux premières pluies automnales en garantit une meilleure conservation. La queue doit être coupée nette, pour empêcher le passage de l'air à l'intérieur du fruit, avec un début possible de pourriture.

Prévention des maladies

Oïdium Il touche les courges à la fin de l'été en formant une mince couche blanche sur la face supérieure des feuilles. Il se combat avec des produits à base de soufre.

Pucerons Ils colonisent les apex de la végétation, en provoquant un affaiblissement de la nouvelle végétation et d'éventuels virus.

Pourritures Effectuez la rotation des cultures (attendez 4 années avant de cultiver la courge dans le même terrain) ; prenez soin du drainage de l'eau en excès ; limitez les fertilisations azotées et les irrigations.

Mildiou Assurez-vous que le terrain draine facilement l'eau de pluie ; limitez les fertilisations et les irrigations.

Variétés

Il y a des centaines de variétés sélectionnées dans le monde entier, et quelques-unes des variétés typiques italiennes sont considérées parmi les meilleures, comme *Marina di Chioggia*.

COURGES STANDARD *Butternut, Gigante Quintale, Longue de Naples.*

HYBRIDES *Delica, Sweet Dumpling.*

PETITES COURGES D'ORNEMENT *Mandarin, Griffes du Diable.*

Cucurbita pepo

courgette

Semis et repiquage

Semez dans un endroit protégé, à une température d'au moins 20 °C, à partir de mi-mars, pour obtenir des plantules avec 3 à 5 feuilles vraies dans les dix premiers jours de mai, lorsque l'on pourra effectuer le semis en plein air. Tracez les rangs à une distance de 100 à 120 cm entre eux, et transplantez à une distance sur le rang de 70 à 80 cm ; au moment de la transplantation, pratiquez un petit trou de 8 à 10 cm de profondeur, posez-y la plantule et buttez la terre autour de la base. Effectuez une légère irrigation. Au début, pour éviter les mauvais changements de température, couvrez la surface cultivée toute entière avec un voile d'hivernage en tissu. Vers la fin juillet vous pourrez faire un deuxième semis pour la récolte tardive.

Soins de culture

- Pour éviter de devoir sarcler entre les plantes, vous pouvez avoir recours au **paillage** en étendant un film en plastique noir sur la terre précédemment irriguée avec soin. De cette façon, de petits arrosages seront nécessaires pendant le cycle de culture.
- **Irriguez** uniquement lorsque cela est nécessaire, par aspersion ou par infiltration latérale, en évitant soigneusement de baigner les feuilles.

Propriétés et bénéfices

La pulpe et le jus ont des propriétés diurétiques et laxatives; de plus, appliqués directement sur la peau, ils ont une action cosmétique **assouplissante** et **dynamisante**. Pauvre en calories et riche en eau, la courgette est l'un des légumes d'été les plus indiqués dans les régimes hypocaloriques et contre la rétention d'eau dans les tissus.

■ On peut avoir recours aux **tuteurs** : utilisez des piquets en bois plantés dans la terre, à quelques centimètres de la plante et d'une hauteur de 100 à 120 cm, auxquels il faudra attacher la tige en pleine croissance. Cette technique améliore l'aération des feuilles (donc réduit le risque de maladies fongiques), la luminosité des fleurs et des petits fruits, en facilitant les opérations de récolte.

Récolte

La courgette se récolte verte, lorsqu'elle est longue de 15 à 25 cm, en coupant le pédoncule avec un couteau tranchant, en évitant de tirer. Il est nécessaire d'inspecter la culture presque chaque jour, parce que les fruits grandissent très rapidement et deviennent inutilisables (trop riches en graines et aqueux) lorsqu'ils atteignent de trop grandes dimensions.

■ Pour 10 m^2 de culture on obtient environ 30 à 35 kg de produit.

Variétés

DIAMANT vert brillant, fruits longs, production précoce, plante ayant une végétation qui s'étend, ce qui facilite la récolte.

TARMINO couleur vert sombre brillant, taille moyenne appropriée aux cultures en plein champ ; très productive.

Prévention des maladies

Pourritures Rotation des cultures (4 ans avant de recultiver la courgette dans le même terrain) ; bon drainage de l'eau ; fertilisations azotées réduites.

Oïdium Il touche les légumes en fin de culture ; seulement dans les cas extrêmes, pulvérisez pendant les heures les plus fraîches de la journée avec un produit à de base de soufre mouillable-80 (8-10 g/10 l d'eau).

PRÉSIDENT moyennement vert foncé, son port aéré facilite la cueillette, appropriée pour une seconde culture.

ROMANESCO standard striée, à fruit long ; production semi tardive.

RONDE CLAIRE DE NICE forme ronde, vert clair ; précoce et compacte.

DIPLOMA à fruit long, vert.

Pour éviter les irritations aux mains pendant la récolte, il est recommandé de mettre des gants.

Spinacia oleracea

épinard

L'ensemencement

Le semis se fait directement en pleine terre, à toutes les périodes de l'année, sauf les plus froides et les plus chaudes : dans le premier cas, les graines ne réussiraient pas à germer, alors que dans le second cas, les plantules risqueraient une montée à graines trop rapide. L'épinard est, en effet, une culture typique de mi-saison et, semé à la fin de l'été, il peut rester en terre même en hiver, sans problème. Les graines sont grosses et faciles à distribuer, en respectant bien les distances (6 à 8 cm dans toutes les directions).

Soins de culture

- Pour la culture de l'épinard, on choisit un endroit bien exposé au soleil, avec une terre meuble. L'association avec le pois semble donner d'excellents résultats.
- En cas de semis épais, il faut intervenir avec un **éclaircissement** lorsque les plantules ont quelques centimètres et qu'elles ont produit les premières vraies feuilles.
- Etant une plante plutôt sensible à la sécheresse, il est important d'avoir recours

Les travaux dans le potager

	JANVIER	FÉVRIER	MARS	AVRIL	MAI	JUIN	JUILLET	AOÛT	SEPTEMBRE	OCTOBRE	NOVEMBRE	DÉCEMBRE
semis		■	■	■				■	■	■	■	
récolte		■	■	■	■	■			■	■		

aux irrigations fréquentes, ou bien de couvrir la culture avec une couche de compost ou de tourbe, qui empêche l'évaporation rapide de l'eau en surface.

Récolte

On peut ramasser toutes les feuilles ensemble, réunies en rosettes, en maintenant une petite partie de la racine. La récolte peut également être échelonnée, en coupant à la base de la tige uniquement les feuilles les plus à l'extérieur. Dans ce cas, la culture durera plus longtemps, parce qu'au centre de la rosette, de nouvelles feuilles continueront à se former.

- Pour 10 m^2 de terrain, on peut obtenir 20 à 30 kg d'épinards.

Propriétés et bénéfices

Riches en fibres et en sels minéraux comme le **potassium**, le **fer**, le **calcium** et le **phosphore**, pour conserver leur précieux contenu en **vitamine A** (un peu inférieur à celui de la carotte) et **C**, les épinards devraient être consommés crus (ces vitamines sont sensibles à la chaleur et se dégradent à la cuisson). Du point de vue des propriétés curatives, les épinards ont une action **laxative**, ils stimulent l'activité du cœur et du pancréas et collaborent à la **résolution de l'anémie**.

Prévention des maladies

Pucerons En cas d'infestation, on peut intervenir avec des produits à base de pyrèthre, en respectant cependant, en vue de la récolte, les périodes de carence généralement signalés sur étiquette.

Mouche de l'épinard Les larves de cet insecte creusent des galeries dans l'épaisseur des feuilles, en endommageant surtout les plantules.

Mildiou Dans les terrains où cette maladie cryptogamique s'est déjà manifestée, il faut attendre quelques années avant de refaire la même culture et, surtout, il faut utiliser des hybrides F1, parce qu'ils sont plus résistants.
Au cas où la maladie se mette en place, n'oubliez pas que tout traitement avec des produits chimiques détermine la culture comme non comestible. Les récoltes automnales sont certainement les plus à risque.

Variétés

On distingue les variétés à feuilles cloquées, adaptées à la culture hivernale, et celles à feuilles lisses, qui nécessitent des journées plus longues (plus appropriées à la culture pendant les autres saisons).

ÉPINARD À FEUILLES CLOQUÉES *Géant d'hiver, Monstrueux de Viroflay, Samos F1.*

ÉPINARD À FEUILLES LISSES *Viroflay, Matador, Estivado.*

Foeniculum vulgare dulce

fenouil

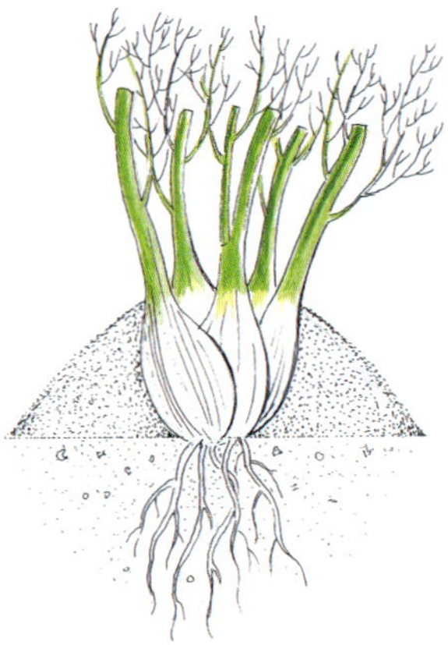

Le blanchiment se fait en buttant les plantes une fois seulement, 15 jours avant la récolte.

Semis et repiquage

La préparation du lit de semence pour le fenouil doit être profonde (30 à 40 cm) avec un affinement soigné de la terre en surface. En général, on procède au repiquage de jeunes plantes cultivées dans des petits godets en polystyrène ou en plastique.

Lorsque vous les achetez, il faut faire attention à ce que les racines soient nombreuses et blanches, et que la partie végétative aérienne soit compacte (10 cm de haut) et saine. Tracez des lignes distantes de 50 à 70 cm et repiquez les plantules à une distance de 20 cm l'une de l'autre sur la ligne. Pour la récolte de la période automnale, les premiers repiquages doivent être réalisés fin juillet, pour continuer, ensuite, jusqu'au début de septembre.

Soins de culture

- Les fenouils doivent être **irrigués** avec beaucoup d'attention, parce que des périodes de sécheresse, même brèves, peuvent compromettre le développement des racines et la production. Irriguez par aspersion, peu mais souvent, en évitant la formation de dangereuses stagnations

Les travaux dans le potager

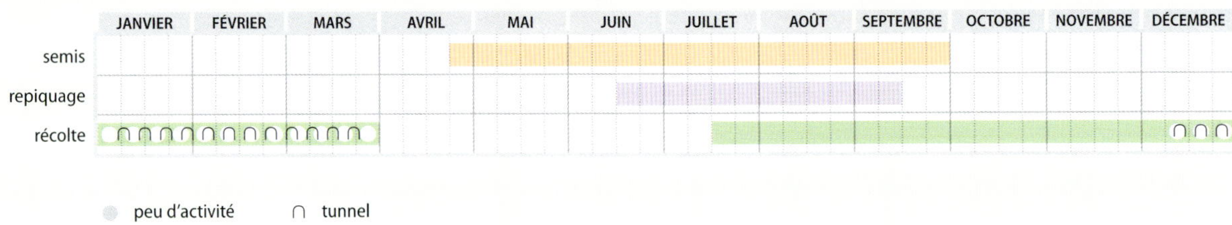

d'eau à proximité du col, où il pourrait se produire des phénomènes de pourriture.

- Deux semaines avant la récolte, procédez au **buttage** pour pousser le blanchiment des pétioles des feuilles, qui représentent la partie comestible. Rassemblez la terre autour de la base, de sorte que la base des plantes soit protégée de la lumière directe du soleil.

Récolte

La récolte des fenouils commence lorsque la taille de la variété cultivée est atteinte. Utilisez la bêche pour déraciner les plantes, fortement ancrées dans le sol grâce aux racines très profondes. Enlevez les feuilles extérieures et lavez le légume. La récolte ne doit pas se prolonger au-delà de la mi-novembre, parce que les gelées précoces provoquent la destruction de la récolte. Pour 10 m^2 de terrain on obtient en moyenne 20 à 30 kg de produit.

Variétés

STANDARD *De Romagna (ou de Bologne, de Parme, de Florence), de Sarno, de Naples, de Sicile, Romanesco, Latina, Mantovano, Cervino.*

HYBRIDES *Nevo*, rond, lourd, à graine estivale, au développement lent mais à l'élargissement rapide de la base ; *Carmo*, moyen-gros, adapté à des semis d'été, résiste bien à la préfloraison ; *Rudy*, à semis printanier, très précoce.

Propriétés et bénéfices

Le fenouil, plante alimentaire très connue, doit ses propriétés à ses fruits et à sa racine, qui est un très bon diurétique. Les fruits stimulent l'**appétit**, favorisent la **digestion** et bloquent les **processus de fermentation** intestinale ; ils sont utiles aussi pour calmer les **douleurs abdominales** et freiner la **nausée** et le **hoquet**. Pour un bain régénérant, désodorisant et purifiant, il faut utiliser une poignée de fruits dans de l'eau chaude.

Prévention des maladies

Pourritures Effectuez la rotation des cultures (attendez 2 à 3 ans avant de planter le fenouil ou d'autres ombellifères dans la même plate-bande) ; assurez-vous d'un parfait drainage de l'eau du terrain ; adoptez des fertilisations contrôlées.

Sclerotinia Faites en sorte qu'il ne se forme pas de stagnation d'eau dans le terrain ; effectuez peu de fertilisation et d'irrigation ; à but préventif, on peut faire une pulvérisation avec de l'oxychlorure de cuivre-20 (80-100 g/10 l d'eau).

fenouil affecté par la Sclerotinia

Fragaria vesca

fraise

Repiquage

Etant donné les difficultés de semis, la plantation des fraises s'effectue en utilisant des plantules prêtes à être mises en terre, obtenues avec la multiplication par ramification ou achetées en godets. Après avoir préparé le terrain, en faisant très attention aux fertilisations organiques et minérales, réalisez des plates-bandes d'une largeur de 30 cm, hautes de 25 à 30 cm et distantes entre elles d'environ 70 à 80 centimètres. Etendez sur la plate-bande le film plastique noir en polyéthylène en guise de couverture de paillage. Sur le rang, à une distance d'environ 25 à 35 cm, faites des trous où seront posés les plants. Enterrez complètement et uniquement les racines, de sorte que le collet émerge d'environ 1 cm du sol. Cette opération s'effectue au printemps ou en automne.

Soins de culture

- Pour favoriser l'enracinement des jeunes plantes à peine repiquées, **irriguez au jet** à faible pression.
- À la fin de l'hiver, procédez au soi-disant **nettoyage de la plantation**, qui consiste à enlever les feuilles ou les stolons secs ou pourris ; laissez seulement 2 ou 3 pousses par plante.

La multiplication par ramification des fraises est facile : à partir des stolons se développent des plantules qui peuvent être séparées de la plante mère (1), placées dans des godets pour prendre racine (2), pour ensuite être mises en terre (3).

1

2

3

▪ Enfin, traitez avec du **sulfate de cuivre** qui a une action désinfectante.

Récolte

Commencez entre avril et mai ; détachez les fruits dans les heures les plus fraîches de la journée. La récolte est échelonnée, tous les 5 jours pendant 10 à 12 fois.

Variétés

Les variétés de fraisiers se divisent en : *unifères* (non remontantes) qui fleurissent une seule fois au printemps ; *bifères* (remontantes) qui fleurissent une seconde fois un mois après ; et *fraisiers à production continue*, qui fleurissent en continu pendant les mois d'été.

Propriétés et bénéfices

Les fraises, riches en **vitamines** (A, C, groupe B), contiennent peu de sucre et font donc partie des rares fruits autorisés aux diabétiques. De plus, elles peuvent être utilisées comme masque émollient, éclaircissant et revitalisant pour les peaux sèches et ridées. Le jus des fruits, appliqué sur la peau, apaise les coups de soleil. Le rhizome de la fraise a des propriétés **dépuratives** et **diurétiques**, et c'est un très bon astringent pour les gencives. Les feuilles, par contre, ont des propriétés **astringentes** pour l'épiderme, hémostatiques et cicatrisantes.

Prévention des maladies

Pourriture du collet et des racines et Phytophthora Effectuez la rotation longue des cultures ; évitez des stagnations d'humidité ; réduisez les engrais chimiques ; choisissez des plantules saines et certifiées.

Moisissure grise et pourriture brune Drainez l'eau le plus possible ; contrôlez les fertilisations azotées et les irrigations ; effectuez des traitements préventifs à base d'oxychlorure de cuivre-20 (70-90 g/10 litres d'eau) jusqu'à 20 jours de la récolte.

Araignée rouge commune *Tetranychus urticae* est une araignée qui peut provoquer de sérieux dommages à la culture de la fraise. Elle se manifeste par la décoloration des feuilles, qui prennent des tons de jaune et de gris, qui ensuite, sont recouvertes par d'épaisses toiles d'araignée, ce qui les pousse à un dessèchement total. Assurez-vous que l'eau soit drainée le plus possible, et arrosez avec précaution.

PARMI LES PLUS RÉPANDUES *Marmolada* (non remontante), vigoureuse et très productive, est sensible aux pourritures du collet et à la pourriture brune ; *Addie* (non remontante), vigoureuse, fournit de bonnes productions précoces, de très bonne saveur ; elle résiste au botrytis mais elle est sensible à l'oïdium.

AUTRES VARIÉTÉS *Chandler* (remontante), *Elsanta* (non remontante), *Honeyoye* (non remontante), *Selva* (à production continue), *Tudla* (non remontante), *Irvine* (à production continue).

Phaseolus spp.

haricots

haricots rouges
(à écosser)

Semis et repiquage

Le semis commence à partir de la fin d'avril, avec une température d'au moins 15 °C. Les distances de plantation varient en fonction de la variété :

- *haricot nain* à 40-60 cm entre les lignes et à 4-5 cm sur la ligne, en éclaircissant ensuite, de façon à ce qu'il n'en reste qu'un tous les 15-20 cm;
- *haricot grimpant* à 80-100 cm entre les lignes et à 20-40 cm sur la ligne.

Dans le cas de semis en poquet (2-3 graines dans le même petit trou) on peut déjà semer à la distance de 15 à 20 cm sur la ligne. Semez à 2 cm de profondeur (terrains lourds), jusqu'à 3-4 cm (terrains sableux).

Soins de culture

▪ Les variétés grimpantes exigent une **structure de soutien** avec des tuteurs ou des filets à larges mailles, ces derniers étant très pratiques et réutilisables.

Les travaux dans le potager

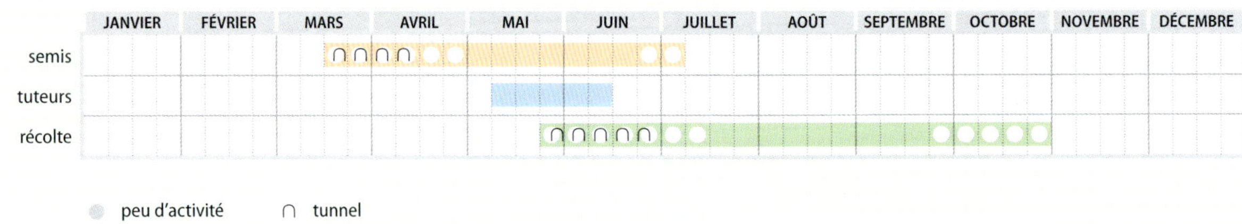

Propriétés et bénéfices

La graine du haricot est très riche en protéine, amidon, sucre et relativement pauvre en graisse. Donc, sur la plan diététique, c'est un aliment assez complet, à **valeur nutritive élevée**, qui peut en partie remplacer la viande. On attribue aux gousses des propriétés **diurétiques**.
Les infusions représentent une excellente boisson pour les diabétiques et les personnes atteintes d'artériosclérose, ou qui ont besoin d'un bon apport protéique et de vitamines.

- Le haricot demande des **irrigations** limitées mais fréquentes, surtout dans sa phase de croissance. Elles doivent cependant être évitées lorsque les fleurs se forment, pour ne pas qu'elles tombent.

- Puisque le haricot enrichit la terre d'azote, les fertilisations ne sont pas nécessaires : au contraire, il peut être **associé** avec les salades et autres légumes à feuille, qui sont de grands consommateurs d'azote.

Récolte

L'opération débute lorsque les gousses prennent une coloration panachée, typique. Autre signe important, c'est le léger séchage des gousses, en contraste avec l'augmentation de l'enflure des graines. Pour la conservation d'hiver, faites dessécher complètement les gousses et procédez ensuite à l'égrenage. En moyenne pour 10 m^2 de terrain on peut obtenir environ 1,5 à 2,5 kg de haricots écossés pour les variétés naines, et environ 3 à 4 kg pour les variétés grimpantes.

Variétés

TYPE NAIN *Borlotto, Cannellino.*

TYPE GRIMPANT *Vigevano, Langue de feu, de Lima, d'Espagne.*

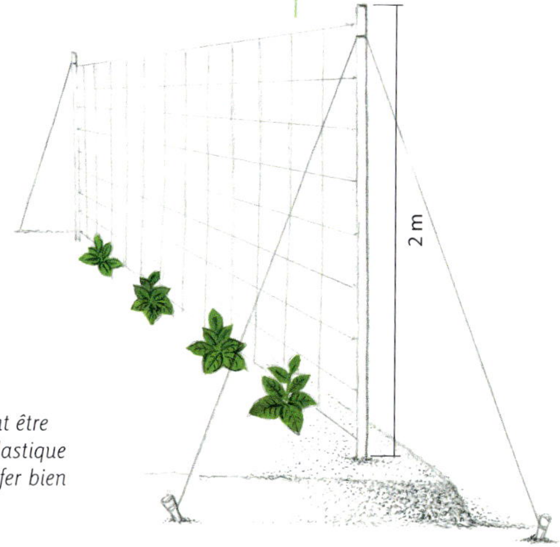

Les plantes de haricot doivent être soutenues par des filets en plastique tendus entre des poteaux en fer bien fixés au sol.

Prévention des maladies

Pourritures Effectuez la rotation des cultures (attendez 2 à 3 ans avant de les cultiver dans le même terrain) ; assurez-vous d'un parfait drainage de l'eau du sol ; évitez la fertilisation azotée.

Bactériose Effectuez la rotation des cultures ; réduisez au minimum les fertilisations et ne plantez pas de façon trop épaisse ; irriguez sans baigner les feuilles ; utilisez des semences saines.

Phaseolus spp.

haricots verts

L'ensemencement

Il commence en pleine terre à partir de fin avril et se prolonge jusqu'en juin pour les variétés grimpantes, et jusqu'au milieu du mois de juillet pour les variétés naines. Préparez le sol pour la culture en traçant des lignes distantes de 80 à 110 cm entre elles ; en ce qui concerne les variétés naines, posez une graine tous les 5 cm sur la ligne, et pour celles grimpantes, tous les 15 cm. Dans le cas de semis en poquet (2-3 graines placées dans le même trou avec par la suite, un éclaircissement), les distances sur la ligne seront de 15 cm pour les variétés naines et de 30 cm pour celles grimpantes. Semez à 2-4 cm de profondeur.

Soins de culture

Il ne demande pas de travail important et nécessite de modestes irrigations.

- Des **sarclages** périodiques du sol éliminent les mauvaises herbes, qui attirent les pucerons et transmettent des viroses.
- Les variétés grimpantes doivent être soutenues par des **filets** en plastique de 2 m de haut, ou bien avec des **tuteurs** en bois ou en bambou.

	JANVIER	FÉVRIER	MARS	AVRIL	MAI	JUIN	JUILLET	AOÛT	SEPTEMBRE	OCTOBRE	NOVEMBRE	DÉCEMBRE
semis			∩∩∩	∩∩∩	■	■	■					
récolte						∩∩∩	■	■	■	●●●●	●	

● peu d'activité ∩ tunnel

Récolte

Les haricots verts doivent être ramassés à environ 2/3 de la maturité des gousses, lorsqu'elles sont encore tendres et dépourvues du soi-disant « fil », dont la présence est signe de déchéance qualitative. L'opération qui, pour certaines variétés, est concentrée sur une période de 3 à 4 semaines, pour d'autres peut durer des mois.
Un m^2 de culture donne en moyenne 1 kg de récolte pour les variétés naines et presque le double pour celles grimpantes.

Propriétés et bénéfices

Les haricots verts sont riches en sels minéraux et, pour leur contenu en **vitamine A**, en **protéines** et en **potassium**, ils sont recommandés à tous ceux qui souffrent de maladies cardiaques. Le fruit est consommé après cuisson. Ils développent une action puissamment **diurétique**. Ils ont un pouvoir calorique très faible et ils sont riches en fibres. La petite concentration de protéines par rapport à d'autres légumineuses est due au fait que la récolte se fait lorsque les graines sont en phase de développement, et qu'elles n'ont pas encore accumulé les substances de réserve hautement protéique. Ils sont donc considérés comme des légumes, plutôt que des féculents.

Prévention des maladies

Insectes du sol Effectuez la rotation des cultures, en attendant deux ans avant de cultiver les haricots verts sur la même plate-bande.

Moissisure grise et anthracnoses Contrôlez avec soin le drainage des eaux de pluie et d'irrigation ; réalisez des fertilisations et des irrigations modestes. Si dans le passé vous avez déjà constaté des maladies cryptogamiques, il est possible de réaliser un traitement préventif avec de l'oxychlorure de cuivre-20 (80-100 g/10 l d'eau) avant la formation des fleurs et des gousses.

Variétés

NAINES *Bronco, Provider, Nerina, Latemar, Labrador, Processor, Gabriella* (jaune), *Goldrush* (jaune).

GRIMPANTES *Bobis, Anellino* (gousses recourbées), *Stortino de Trente, Triomphe* (violet), *Merveille de Venise* (jaune), *Saint Fiacre* (jaune).

Les variétés grimpantes doivent être soutenues par des filets appropriés, éventuellement fixés aux arcs d'un tunnel.

Lactuca sativa

laitue

Repiquage

Pour les pieds de laitue, on procède à la transplantation des plantules achetées dans des pépinières ou cultivés en lit de semence. Le terrain préparé, tracez des lignes distantes entre elles de 30 à 40 cm et, sur le rang à une distance d'environ 20 à 30 cm, posez les plantules dans des petits trous, en faisant attention à ce que le collet se trouve au niveau du sol et non enterré. L'époque pour le repiquage en plein air commence à la mi-mars jusqu'à mi-septembre, d'après la variété.

▪ En début et en fin de saison, il peut être utile de couvrir les plantules, dès qu'elles

sont repiquées, avec un **voile d'hivernage en tissu** pour les protéger de l'amplitude thermique.

Soins de culture

▪ L'**irrigation**, essentielle pour les laitues estivales, doit être effectuée quotidiennement, mais si le terrain retient l'humidité ne doit pas être abondante.

Les travaux dans le potager

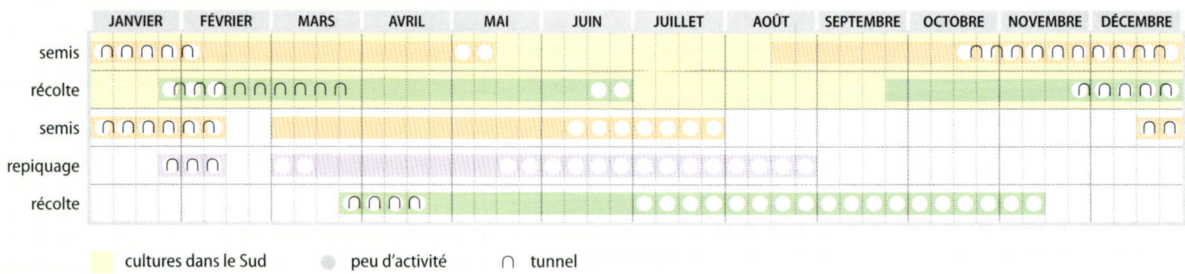

▪ Pour la variété *Romaine*, on peut procéder au blanchiment en attachant le pied de salade, environ deux semaines avant la récolte.

Récolte

Lorsque le pied est bien formé et ferme au centre, et que les feuilles les plus à l'extérieur sont encore saines et vertes : il suffit de le couper à la hauteur du collet avec un couteau tranchant. Pour un m² de terrain on obtient en moyenne 1,5 à 3 kg de laitues.

Variétés

LAITUE POMMÉE CLASSIQUE *Merveille des Quatre Saisons, Merveille d'Hiver, Reine de Mai, Trocadéro, Kranager* (estivale), *Reine d'Été* (estivale).

TYPE BRASILIANA (ICEBERG) *Nabucco, Nerone, Saladin, Chianti, Salinas, Great lake* (estivale), *Reine des Glaces* (estivale).

TYPE BATAVIA *Canasta, Blonde de Paris.*

TYPE ROMAINE *Blonde Maraîchère, Blonde Colosseo, Balloon* (estivale).

LAITUE À PIED SOUPLE OU À COUPER (à semer avec paillage) *Lollo Rouge* et *Lollo Verte, Red Salad Bowl.*

Propriétés et bénéfices

Les feuilles de laitue ont des propriétés **diurétiques**, dues au rapport avantageux potassium/sodium. De plus, elles contiennent une quantité élevée de **fibres**, qui les rendent fermes et croquantes, mais aussi une panacée pour l'intestin. Enfin, la laitue possède une bonne quantité de vitamine B9, **antianémique** et **anti-dépressive**, également utile pour **renforcer les défenses immunitaires**.

Prévention des maladies

Moisissure grise, Sclerotinia et Pythium Effectuez la rotation des cultures (au moins 2 à 3 ans avant de replanter dans le même terrain) ; assurez-vous d'un excellent drainage du terrain ; enlevez tous les déchets de culture ; pulvérisez localement avec une solution d'oxychlorure de cuivre-20 (90-100 g/10 l d'eau) en cherchant à bien baigner le collet.

Bremia, Alternaria, moisissure grise et oïdium Effectuez la rotation des cultures ; limitez les fertilisations azotées et les irrigations ; enlevez tous les déchets de culture ; préférez des variétés résistantes à la Bremia (*Columbus, Lido, Big Boston, Elsa, Jessy, Saladin, Malika, Odessa, Melissa, Canasta*).

Laitue à pied souple, ou « à couper ».

Valerianella olitoria

mâche (valérianelle)

L'ensemencement

La plate-bande destinée à recevoir la mâche ne doit pas être préparée, ni fertilisée ; cette salade, en effet, se développe mieux dans les terres non remuées et de faible fertilité. Elle se sème en principe à la volée, en répartissant uniformément la graine, à raison de 1 à 1,5 g par m^2, et en recouvrant les graines avec une subtile couche de terre, qui devra être successivement compactée puis arrosée. L'époque idéale pour le semis est à la fin de l'été pour la récolte d'automne – également sous tunnel – et à la fin de l'hiver pour la récolte printanière.

Soins de culture

L'irrigation est limitée aux rares cas de sècheresse, ainsi que la suppression des herbes sauvages. Tout en ne subissant pas la concurrence de ces dernières (elle cohabite avec les cultures des champs), le terrain maintenu propre garantit un développement plus important et plus rapide des rosettes. En recouvrant la mâche avec des feuilles sèches de fougère ou de noyer, on obtient une prolongation de la récolte jusqu'au cœur de l'hiver.

Les travaux dans le potager

	JANVIER	FÉVRIER	MARS	AVRIL	MAI	JUIN	JUILLET	AOÛT	SEPTEMBRE	OCTOBRE	NOVEMBRE	DÉCEMBRE
semis		■	■						■	■		
récolte	■			■	■						■	■

Récolte

Lorsque la mâche a formé une rosette riche en feuilles, on fera le nécessaire pour récolter l'ensemble du bouquet, en prélevant aussi une petite partie des racines. Les plantes doivent être sèches pour éviter qu'elles aient des pourritures pendant la conservation, avec un endommagement conséquent pour le légume. La première récolte automnale peut être faite en coupant les feuilles au collet : en une dizaine de jours, il s'en formera d'autres, qui devront être récoltées avec les racines.
Pour 1 m^2, on peut obtenir jusqu' à 1 kg de salade.

Propriétés et bénéfices

La mâche a des vertus **sédatives** du système nerveux, **antispasmodiques**, **antinévralgiques**, légèrement hypnotique. Les racines de la mâche contiennent environ 1% d'huile essentielle à l'effet antispasmodique. Elle agit donc comme un **tranquillisant** et un **sédatif** ; elle favorise le sommeil, c'est un **analgésique** léger et **anticonvulsif**, et enfin elle **abaisse la pression artérielle**. Le cataplasme de feuilles écrasées peut **soulager la douleur** en cas de contusions, lumbagos, sciatique, étirements musculaires et douleurs rhumatismales.

Prévention des maladies

Moisissure grise, Sclerotinia et Pythium Excellent drainage de l'eau du terrain ; enlevez tous les déchets de culture ; utilisez uniquement du fumier bien mûr.

Escargots Pour protéger les plates-bandes de mâche des escargots, qui sont gourmands de ce légume, utilisez un morceau de grillage zingué à mailles fines, pour entourer les plates-bandes. Le grillage devra être enterré à environ 15 cm et monté à environ 30-40 cm.

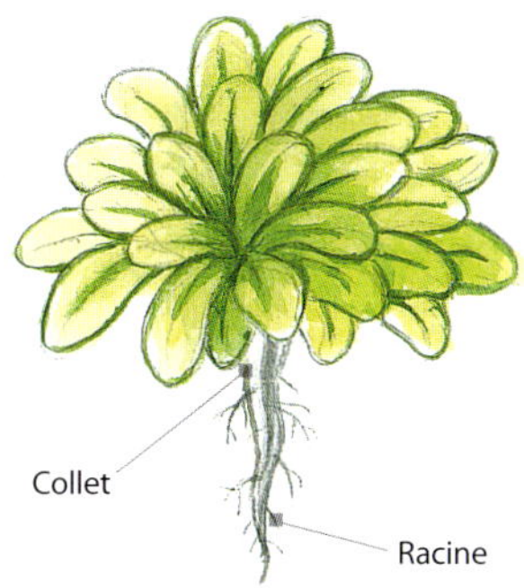

Disposition des rosettes de la mâche, avec des feuilles arrondies et des nervures marquées.

Variétés

À GRANDES FEUILLES, peu résistante au gel : *de Hollande à Grosses Graines*.

À PETITES FEUILLES plus lisses et brillantes : *Verte à Cœur Plein*, compacte avec des feuilles peu charnues ; *D'Etampes*, dotée d'une bonne résistance au froid ; *Verte de Cambrai*.

Cucumis melo

melon

Semis et repiquage

Les semis se font à l'abri, dans des bacs en polystyrène. Placez 2 à 3 graines dans chaque alvéole, avec le sommet vers le bas à environ 1 cm de profondeur. Manipulez les graines avec précaution, car même si elles sont assez grosses, elles sont très délicates. Si vous n'avez pas de bacs à alvéoles, vous pouvez semer dans des godets en plastique (3 graines dans chaque godet).

■ L'époque des semis, dans un environnement protégé, commence à partir de fin janvier jusqu'à début mars, mais également à une période plus avancée dans les régions où l'été arrive tard, et donc où il ne serait pas possible de semer les plantules (qui nécessitent de beaucoup de chaleur pour se développer) en pleine terre. Dans les climats doux, vous pouvez semer directement en pleine terre, en avril.

■ En mai, vous pouvez repiquer les jeunes plants en plein air, dans une terre bêchée et fertilisée avec du fumier ; surélevez les plates-bandes de 10 à 15 cm et

Les travaux dans le potager

	JANVIER	FÉVRIER	MARS	AVRIL	MAI	JUIN	JUILLET	AOÛT	SEPTEMBRE	OCTOBRE	NOVEMBRE	DÉCEMBRE
semis				■ (2ᵉ quinzaine)	■ (1ʳᵉ quinzaine)							
repiquage				■ (2ᵉ quinzaine)	■ (1ʳᵉ quinzaine)							
récolte							■ (2ᵉ quinzaine)	■ ●	●			

● peu d'activité

Propriétés et bénéfices

Le melon est un fruit très **désaltérant** ; s'il est consommé au cours des repas ou comme pause agréable pendant la journée, il rafraîchit et réintègre dans l'organisme, l'eau perdue par la sueur. En plus de l'eau, le melon contient également une quantité considérable de **sels minéraux** et de **vitamines A** et **C**. Sa haute teneur en **potassium** fait du melon un excellent **complément alimentaire**, surtout après avoir effectué des activités physiques.

Prévention des maladies

Les maladies les plus fréquentes sont pratiquement incurables, il est donc fondamental de faire une bonne prévention.

Fusarioses Effectuez des rotations longues (3 à 4 ans avant de cultiver à nouveau le melon ou d'autres cucurbitacées dans le même terrain) ; préférez des variétés résistantes comme *Carlo F1*, *Carlo F1*, *Laro F1*, *Soleado F1*, *Calipso F1*, *Parsifal F1*. Utilisez des plantules de melon greffés.

Oïdium Préférez des variétés tolérantes parmi lesquelles *Parsifal F1* et *Calipso F1* ; s'il s'avère nécessaire pour sauver la récolte, pulvérisez les feuilles avec du soufre mouillable-80 (7-10 g/10 l d'eau).

réalisez des sillons entre les rangs pour irriguer sans baigner les feuilles.

Soins de culture

- La première intervention de **pincement** doit être faite lorsque les plantules ont au moins 4 feuilles, en supprimant les deux feuilles du sommet. Des branches latérales se formeront et seront cisaillées après la troisième feuille. Lorsque les fruits se seront formés, il faudra en laisser seulement 2 à 4 sur chaque plante.

- **Irriguez** de temps en temps par infiltration latérale pendant les premières phases du développement ; ne baignez qu'en cas de forte sècheresse, après la nouaison (c'est-à-dire le passage de la fleur au fruit) et pendant le grossissement des fruits.

Récolte

Elle se débute lorsque le pédoncule commence à se lézarder, et que le fruit a atteint la taille, la couleur et le parfum typiques. La récolte s'effectue en coupant la tige avec un couteau.
Pour 10 m^2 de terrain, on obtient 20 à 30 kg de melons.

Variétés

À FRUIT LISSE *Cantaloup Charentais, Honey Dew, Pamir, Jolly.*

À FRUIT BRODÉ *Supermarket, Rony, Supersprint, Burpus.*

Structure de la plante du melon lorsque le fruit est en phase de développement.

Allium cepa

oignon

Semis et repiquage

Effectuez un bêchage d'au moins 25 cm, puis cassez les mottes de terre. Surélevez les plates-bandes d'environ 10 à 15 cm. Pour le repiquage, utilisez des plantules d'au moins 15-20 cm de hauteur (à 60-80 jours du semis) et avec 3 ou 5 feuilles. Placez-les en lignes distantes de 30 à 40 cm, et de 15 à 20 cm sur la ligne. L'époque du semis est en février-mars, celle du repiquage en avril.

▪ Dans le cas de la **ciboulette**, la plantation se fait directement en pleine terre, dans des rangées distantes de 15 à 20 cm, en utilisant 5 à 7 g de semence/m^2.

Par contre, les **jeunes oignons nouveaux** se repiquent en octobre, à une distance de 30 à 40 cm entre les rangs, et de 10 cm sur le rang, et ils se ramassent au printemps suivant.

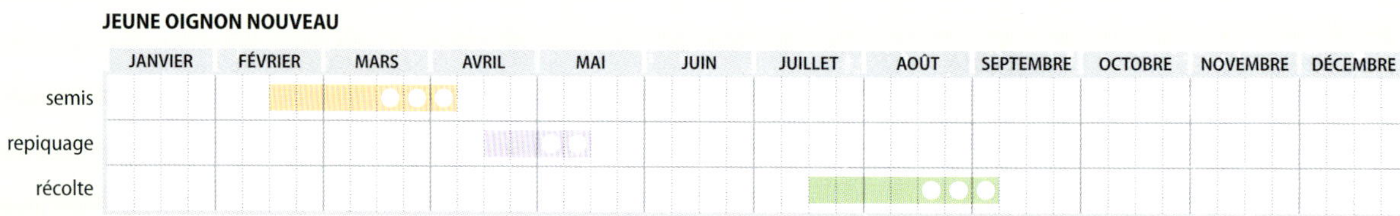

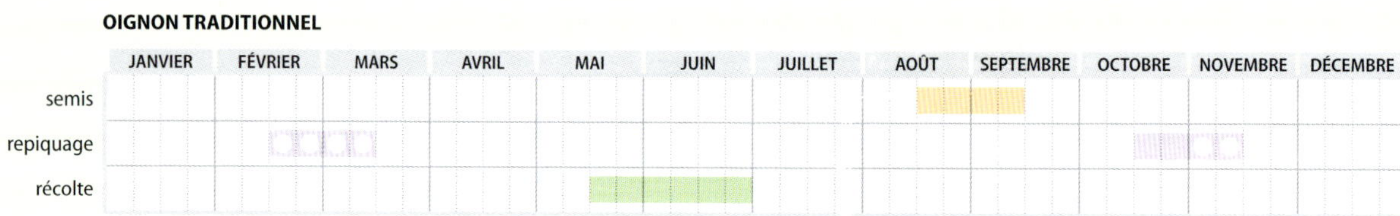

● peu d'activité

Soins de culture

▪ L'oignon a une croissance très lente pendant les premières périodes qui suivent le repiquage, et il subit la concurrence des **herbes sauvages**, qui doivent être arrachées dès qu'elles se forment.

▪ **Irriguez**, seulement si nécessaire, pendant les périodes chaudes sans baigner la végétation. Arretêz les irrigations 20 jours avant la récolte.

Récolte

Les oignons peuvent être consommés pendant n'importe quelle phase de leur cycle de croissance. Alors que pour les bulbes précoces il faudra utiliser la bêche, de façon à déraciner les plantes encore ancrées au sol, pour ceux plus tardifs on procède à la récolte lorsque les feuilles sont sèches. La récolte commence en juillet et continue pendant tout août. Pour 10 m^2 de terrain, on obtient environ 20-40 kg de produit.

Propriétés et bénéfices

Consommé cru, l'oignon est un excellent diurétique, il désinfecte l'intestin, abaisse la **pression sanguine** et le taux de glucose dans le sang ; cuit, il est considéré comme un **régulateur intestinal**. Utilisé à l'extérieur, il joue un rôle d'**antiseptique** et il stimule la **circulation** périphérique ; son jus est utile pour neutraliser les piqûres d'insectes. Une curiosité : si l'odeur n'était pas incompatible avec l'usage des cosmétiques, l'oignon serait un excellent revitalisant du cuir chevelu, puisqu'il retarde la chute des cheveux.

Prévention des maladies

Fusarioses et Botrytis Effectuez la rotation des cultures (attendez au moins 3 ans avant de faire revenir l'oignon dans la même plate-bande) ; en outre faites des fertilisations et des irrigations contrôlées et assurez-vous d'un parfait drainage des eaux de pluie et d'irrigation. Certaines variétés sont plus résistantes aux fusarioses, par exemple le *Doré de Parme, sélection Erso 1 et 2*.

Mildiou et rouille Contrôlez les fertilisations azotées ; évitez les semis trop épais ; irriguez par infiltration latérale ; si nécessaire, traitez tous les 7 jours avec de l'oxychlorure de cuivre-20 (80-100 g/10 l d'eau).

Variétés

PRÉCOCES *Apriatica*, gros et aplati ; *Blanc de Juin*, bulbe blanc argenté aux formes rondes ; *Blanc de Pompéi, Blanc de Barletta, Blanc de Mai.*

TARDIVES *Rouge de Tropea, Rouge de Florence et Piacentina*, tous rouges et aromatiques ; *Blanc Agostana ; Blanco Duro, Tardif d'Argent.*

DE JEUNES OIGNONS NOUVEAUX *Blanc de Lisbonne, White Knight.*

jeune oignon nouveau White Knight

Allium porrum

poireau

Semis et repiquage

Les variétés précoces doivent être semées en janvier, sous abri, pour la récolte de juin-juillet ; pour celles estivales et automnales, le semis se fait en mars dans une pépinière ou directement en plein air pour une récolte entre août et novembre ; enfin, les variétés tardives, à récolter entre l'automne et l'hiver, doivent être semées en mai, directement en pleine terre. Des semis ultérieurs, effectués en septembre, donneront la récolte l'année suivante à fin du printemps, pourvu que la culture pendant les mois les plus froids soit protégée avec de la paille ou des feuilles sèches.

- Le repiquage s'effectue après 11 à 12 semaines des semis, lorsque les jeunes plants ont atteint 15 cm de haut, en les espaçant de 8 à 20 cm sur le rang, et entre les rangs de 30 à 35 cm.

Soins de culture

Plante résistante au froid, le poireau s'adapte bien aux climats tempérés et chauds. Les

Les travaux dans le potager

	JANVIER	FÉVRIER	MARS	AVRIL	MAI	JUIN	JUILLET	AOÛT	SEPTEMBRE	OCTOBRE	NOVEMBRE	DÉCEMBRE
semis				■	■	■	■					
récolte	■	■							■	■	■	■

fertilisations excessives doivent être évitées, car elles réduisent la résistance au gel.

- À 30-40 jours du semis, il faut procéder à l'éclaircissement des plantules.
- Pendant le cycle de culture du poireau, il est utile d'effectuer fréquemment des **sarclages**, pour aérer la terre et réduire le développement des herbes sauvages.
- Enfin, 2 à 3 semaines avant la récolte, en recouvrant de terre les premiers 10-15 cm de plante (*buttage*), on obtient le **blanchiment** de la partie comestible.

Récolte

La croissance maximum des poireaux se vérifie au bout de 5 à 6 mois après le semis (3 à 4 mois du repiquage), mais la récolte peut être effectuée à n'importe quel stade de la croissance. Elle commence en mai et, si les semis ont été échelonnés, elle se prolonge pratiquement toute l'année.

Propriétés et bénéfices

En plus d'avoir un bon contenu de **vitamines**, le poireau est également riche en minéraux précieux pour l'organisme humain : **fer** (indispensable pour la formation des globules rouges), **magnésium** (important pour le système nerveux), **soufre** (indiqué pour empêcher la fermentation intestinale), **sodium** (combat l'acidité), **silicium** (précieux pour les tissus osseux et épithéliaux).

Prévention des maladies

Fusarioses et nématodes Effectuez des rotations longues de culture (attendez 3 à 4 ans avant de planter dans le même terrain des poireaux ou d'autres légumes de la même famille).

Botrytis, Sclerotinia Évitez les stagnations d'eau en soignant le drainage et les sarclages; il est mieux d'effectuer la plantation à la fin de l'hiver.

La récolte du poireau commence à environ 5-6 mois du semis, lorsque la base de la tige commence à grossir.

Variétés

POIREAUX ESTIVAUX semis en janvier-mars et récolte en mai-juin.

POIREAUX D'AUTOMNE ils présentent une résistance au froid insuffisante, se sèment en février-mars et se récoltent de juillet à octobre.

POIREAUX D'HIVER remarquablement résistants au froid, ils sont donc appropriés à hiberner en plein champ ; semis en avril-mai, récolte en novembre-mars.

POIREAUX BAGUETTE semis en septembre et récolte en avril.

Pisum sativum

pois

Semis

La préparation du sol pour les semis du pois ne demande pas un bêchage profond, ni de fertilisations abondantes, mais le sol doit être bien drainé pour éviter les stagnations d'eau. À cet effet, les plates-bandes devront donc être surélevées d'environ 10 cm par rapport au niveau du terrain. Tracez les rangs, distants entre eux de 30 cm pour les variétés naines, et d'environ 50 à 60 cm pour les variétés grimpantes, semez sur le rang à une distance de 7 à 10 cm, en couvrant avec 1 à 2 cm de terre.
Comme pour le haricot, la graine de pois devrait être semée en surface. La germination peut se produire même à 4 °C : donc le pois se sème même en automne pour une germination printanière précoce.

Soins de culture

- Procédez périodiquement au **sarclage** pour enlever les herbes sauvages ou bien ayez recours au **paillage** sur le rang, avec une toile noire en plastique.

Les variétés grimpantes nécessitent une structure de soutien appropriée.

Les travaux dans le potager

	JANVIER	FÉVRIER	MARS	AVRIL	MAI	JUIN	JUILLET	AOÛT	SEPTEMBRE	OCTOBRE	NOVEMBRE	DÉCEMBRE
semis			■	■	■					■	■	■
récolte			■	■	■	■						

▪ Le pois demande des **irrigations** limitées mais fréquentes, au moins au début de la croissance, pour éviter que les fleurs ne tombent au moment où elles se forment ; pratiquées peu avant la récolte, par contre, elles provoquent une augmentation de la production et une meilleure qualité des pois. On conseille d'irriguer par infiltration latérale ou par écoulement, pour ne pas baigner la végétation et les fleurs.

Prévention des maladies

Fusarioses, Pythium Effectuez la rotation des cultures (attendez 2 à 3 ans avant de les cultiver dans le même terrain) ; préparez un excellent drainage de l'eau de pluie et d'irrigation du terrain ; préférez des variétés résistantes aux fusarioses comme *Progress n. 9*.

Mildiou, moisissure grise Limitez les fertilisations et le nombre de plantes au mètre carré ; assurez-vous d'un soutien approprié pour les variétés grimpantes ; n'exagérez pas avec les irrigations.

mildiou du pois

Récolte

La récolte s'effectue en plusieurs fois, à la main, en détachant les gousses de la plante et en faisant attention à ne pas endommager les inflorescences et les ramifications. La production varie entre 3 et 5 kg de pois écossés pour 10 m^2 de terrain.

Variétés

Parmi les variétés pour la consommation directe, nous vous conseillons *Géant à Fleur Blanche, Géant Suisse, Géant Doré*.

Propriétés et bénéfices

Etant donné la petite concentration en amidon, les pois se révèlent plus digestes que d'autres légumes, et ils contiennent **peu de lipides**, trouvant ainsi leur utilisation dans les régimes hypocaloriques. Ils contiennent des **sels minéraux** (**potassium**, **phosphore**, **calcium**). Ils peuvent être consommés soit frais, soit secs et, s'ils sont très jeunes, ils sont excellents crus dans les salades.

Jeunes exemplaires de variété grimpante déjà attachés aux filets de soutien.

Capsicum annuum

poivron

Semis et repiquage

Le semis doit se faire dans un endroit protégé, à la fin de l'hiver, en maintenant la température supérieure à 20 °C au moins jusqu'à la germination. Si vous achetez des plantules déjà prêtes pour le repiquage, les plates-bandes doivent être préparées à l'avance et surélevées, afin de garantir un meilleur écoulement de l'eau.

▪ **La plantation** s'effectue à partir de fin avril et pendant tout le mois de mai (jamais avec une température inférieure à 15 °C) sur des rangs distants entre eux d'environ 70 à 80 cm, dans lesquels on pratique des petits trous à une distance de 40 à 45 cm, où l'on peut enterrer la motte de racines en faisant bien attention de garder le collet au-dessus du sol.

Soins de culture

▪ Au moment du repiquage, un **paillage** avec un film en plastique noir serait idéal, et on peut en recouvrir les bords tout au long du périmètre de la plate-bande avec la terre, pour qu'il ne se soulève pas ; ensuite, il faudra pratiquer quelques trous espacés pour repiquer.

Les travaux dans le potager

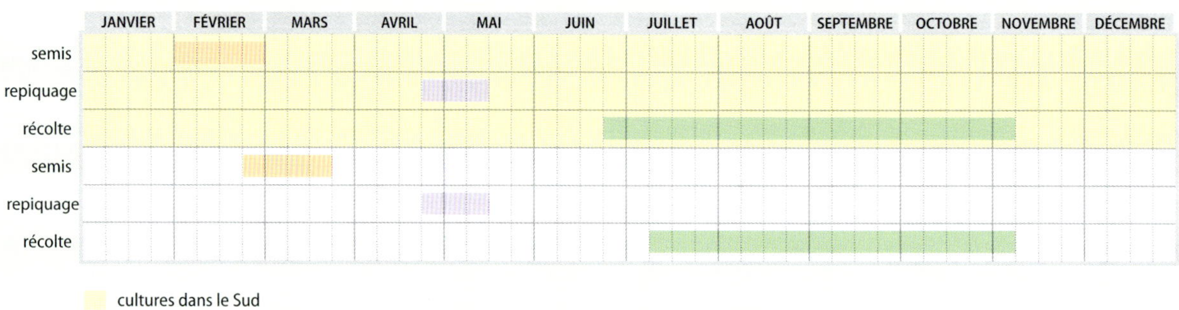

- Le lent développement initial laisse aux herbes sauvages le temps de proliférer, pendant que la terre se couvre d'une croûte dure : ces inconvénients peuvent être résolus avec le **sarclage**.
- L'**irrigation** devra être régulière jusqu'à la nouaison (c'est-à-dire le passage de la fleur au fruit), en prenant garde à ne pas baigner les feuilles.
- Pour éviter que les ramifications latérales se cassent à cause du poids des fruits, vous pouvez avoir recours à de robustes **tuteurs**, auxquels les plantes seront attachées après la transplantation.

Récolte

Selon la variété, les poivrons sont récoltés au moment où la couleur et la taille sont atteints. Pour éviter que les branches ne se cassent, coupez la tige des fruits avec des ciseaux. En plein air, la récolte commence en juillet et se prolonge jusqu'au début de l'automne. Pour 10 m^2 de terrain, on obtient en moyenne 25 à 35 kg de poivrons.

Variétés

CARRÉE, STANDARD *Carré d'Asti, Super Goliath et Carmagnola* (jaune-rouge) ; *Galdino et Golden Calwonder,* à fruit jaune ; *Keystone Resistant Giant n. 3* et *California Wonder* avec des fruits rouges.

HYBRIDES *Ideal, Kali, Duplo, Ghibli, Jolly Jaune* et *Rouge.*

RECTANGULAIRE (long et semi-long), STANDARD *Marconi, Nocera.*

HYBRIDES *Lux, Mikalor, Olber, Eldorado, Gladiator, Cancun, Clovis, Osir, Mayata.*

CONIQUE *de Cuneo F1 et Cuneo.*

EN FORME DE CORNE *Hot Large, Diablo.*

EN FORME DE TOMATE *Topepo 391, Topepo.*

Propriétés et bénéfices

Le poivron est très riche en **vitamines B** et **C** et contient une petite quantité de **provitamine A** (carotène). Les propriétés aromatisantes du poivron sont très connues, et encore plus celles de la variété piquante, le piment, qui favorise la digestion en stimulant la **sécrétion gastrique**. En contact avec la peau, le poivron provoque une sensation de chaleur, due à la stimulation des tissus nerveux. Cette particularité est exploitée dans la production de sparadraps contre les **névralgies**, les **rhumatismes** et les **engelures**.

Prévention des maladies

Mildiou Effectuez une rotation longue de la culture (3 ans et plus avant de recultiver des poivrons dans le même terrain) ; faites un excellent drainage ; faites le moins possible de fertilisations azotées.

Bactéries, Alternariose et Botrytis Évitez des plantations épaisses et des fertilisations azotées ; irriguez sans baigner les feuilles et les fruits ; intervenez avec des produits à base d'oxychlorure de cuivre-20 (60-80 g/10 l d'eau) seulement si cela est indispensable.

Solanum tuberosum

pomme de terre

Semis

Le sol doit être préparé au début du printemps avec le bêchage et l'adjonction d'une grande quantité de fumier très mûr. Tracez les sillons distants entre eux d'environ 60 cm et profonds de 7 à10 cm. Posez les tubercules à environ à 30 cm l'un de l'autre et recouvrez avec peu de terre.

Soins de culture

- Deux semaines après la plantation procédez au premier **buttage**, en rassemblant la terre sur les deux côtés du rang, de façon à ce que les pousses restent recouvertes. Répétez la même opération à un mois d'écart.
- **L'irrigation** n'est pas nécessaire, si ce n'est pas une année particulièrement sèche. Dans ce cas, il faut baigner entre les sillons, de préférence pendant les heures du soir ou la nuit, pour ne pas exposer la plante à de brusques écarts thermiques.

Récolte

Elle se fait pendant l'été, à partir de mi-juillet jusqu'à fin août, selon la variété cultivée, plus ou moins précoce. On procède à la

Les travaux dans le potager

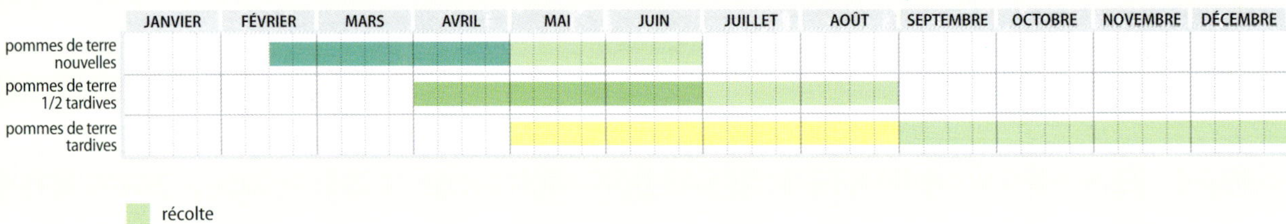

Propriétés et bénéfices

La pomme de terre a une haute teneur en **sucres** et en **vitamine C** : environ 24 mg pour 100 g de tubercule mûr, mais la quantité diminue avec la conservation. Ce tubercule est riche en **sels minéraux** (potassium, chrome, magnésium, phosphore). Pour ses propriétés **anti-fermentatives** remarquables, elle est utilisée comme **anti-diarrhéique**.

Prévention des maladies

Bactérioses Faites en sorte que l'eau de pluie puisse s'écouler rapidement ; employez des tubercules de graines certifiées.

Doryphore Surfaces restreintes : effectuez la récolte à la main, lorsque les premiers insectes adultes apparaissent, et ensuite les larves. Surfaces plus importantes : pulvérisez un produit à base de *Bacillus thuringiensis* (3 jours avant la récolte).

doryphore de la pomme de terre

récolte lorsque la végétation commence à jaunir, preuve que la formation des tubercules est terminée. Avant de les déterrer, enlevez les tiges et les feuilles, puis déplacez les monticules de terre buttée à l'aide d'une bêche, pour voir apparaître en dessous les tubercules. Pour 10 m² de terrain, on obtient en moyenne 20 à 40 kg de pommes de terre.

▪ La **conservation** doit être faite à l'intérieur, dans un endroit sombre, de façon à empêcher le verdissement de la peau, phénomène qui rend les tubercules légèrement amers et non comestibles.

Variétés

SPUNTA Tubercules de forme régulière allongée, à la peau lisse et jaune, production précoce et abondante.

JAERLA Gros tubercules, à la peau lisse et claire, production semi précoce. Les tubercules, spécifiques pour les terrains lourds et mal structurés, peuvent avoir des formes irrégulières.

KENNEBEC Production abondante et tardive. Sensible au phénomène de verdissement si les tubercules sont exposés à la lumière du soleil ; ils ne doivent pas être trop recouverts de terre.

Phases de culture de la pomme de terre

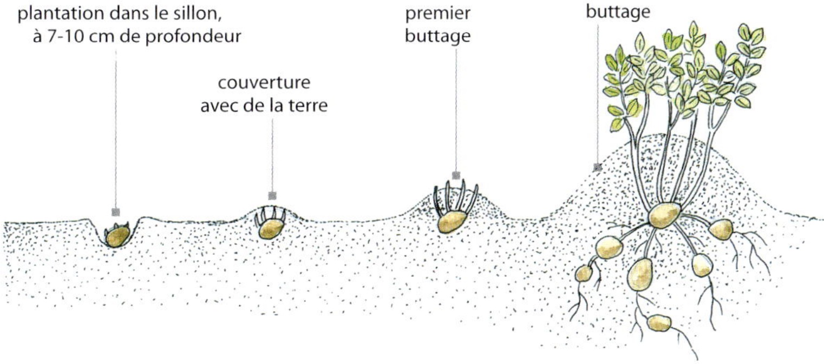

Cichorium endivia crispum, C. endivia latifolium

salades

salade frisée

scarole

Les nombreuses variétés cultivées se différencient par les dimensions du pied de la salade, sa précocité et sa résistance. On distingue les *salades frisées*, qui craignent le froid et pour lesquelles la culture se termine à l'automne, et les *scaroles*, qui au contraire se sèment à la fin de l'été, pour qu'elles ne subissent pas la chaleur qui les pousse à la préfloraison.

Repiquage

En ce qui concerne la salade, on procède à partir de graines, ou mieux, en repiquant des plantules de pépinière. Le terrain prêt, tracez des lignes distantes entre elles de 25 à 30 cm et également, à une distance de 25 à 30 cm sur le rang, posez les plantules à l'intérieur de petits trous d'une profondeur de 5 à 8 cm. Comprimez bien la terre et enfin, irriguez légèrement. L'époque pour la transplantation va de mi-mars jusqu'à mi-septembre, ou de toute façon jusqu'à ce que les conditions saisonnières le permettent.

▪ Pour les premières transplantations, comme pour celles plus tardives, recouvrez la terre avec un **voile d'hivernage en tissu**, qui protège les plantes des baisses thermiques et qui crée un microclimat approprié à l'enracinement des salades.

A DROITE : *blanchiment de la scarole.*

Soins de culture

▪ **Désherber** fréquemment est important, parce que les herbes sauvages soustraient des éléments nutritifs aux salades et peuvent leur transmettre des virus.

▪ L'**irrigation**, fondamentale pour les cultures estivales, devra être légère mais quotidienne (ne baignez pas les feuilles).

▪ Pour certaines variétés, on peut faire le **blanchiment**, qui rend les feuilles disposées au centre de la rosette très tendres et très claires : cela consiste à attacher le pied de la salade, sec et prêt pour la récolte, pendant 15 à 20 jours.

Propriétés et bénéfices

La salade est riche en sels minéraux et en oligo-éléments, en particulier en sélénium, un **antioxydant** qui protège les cellules du vieillissement. Le rapport potassium/sodium (beaucoup/très peu) lui confère des propriétés **diurétiques**. De plus, les **fibres** qui rendent les feuilles fermes et croquantes favorisent le transit intestinal. Enfin, comme la laitue, le grain de maïs et la levure de bière sèche, la salade contient, même en petite quantité, de la vitamine B9, importante pour renforcer les **défenses immunitaires** et active contre l'**anémie** et la **dépression**.

Prévention des maladies

Dans tous les cas Utilisez un bon terreau pour les semis et les transplantations ; effectuez la solarisation du sol (couverture avec des toiles plastiques transparentes) pour le désinfecter ; enlevez les déchets de culture.

Escargots et limaces Vous pouvez répartir des sels déshydratants (sel de cuisine, chaux en poudre) dans les zones de passage de ces mollusques, ou de les attirer avec des appâts à base de bière.

dégâts de mouche de la salade

Récolte

C'est une opération d'une extrême simplicité, qui consiste à couper le collet au-dessous du pied, à l'aide d'un couteau tranchant. On élimine ensuite les feuilles les plus à l'extérieur, qui habituellement sont sales ou même pourries. Pour 10 m^2 de terrain, on obtient en moyenne de 10 à 25 kg de produit.

Variétés

Chicorée Scarole Casque d'Or, semis de février jusqu'en août ; *Chicorée Scarole à Cœur Plein*, semis de Mars à septembre ; *Chicorée Scarole Géante Maraîchère*, à récolte automnale et hivernale ; *Chicorée Frisée Pancalieri* à semis estival et récolte hivernale ; *Frisée Fine d'Été*, avec des feuilles rouges à la base ; *Frisée d'Été*, à cœur jaune.

Solanum lycopersicum

tomate

Semis et repiquage

Les semis se font vers la fin de février, dans des bacs à alvéoles, dans un endroit protégé. En vous aidant d'un cure-dent ou d'une petite pince, posez une seule graine par alvéole ; ensuite, recouvrez de 2 à 3 mm de terreau, et d'un voile d'hivernage en tissu pour éviter les écarts de température.

▪ Après avoir obtenu des plantules avec 4 à 6 feuilles (à 60-80 jours du semis, ou bien vers fin avril ou début mai), procédez au repiquage. Tracez les rangs à une distance de 70 à 100 cm, et creusez un petit trou tous les 35 à 40 cm sur le rang. Déposez y la plantule avec sa motte de terre et buttez bien la terre à la base. Concluez avec une légère irrigation.

Propriétés et bénéfices

La tomate a une action **rafraîchissante**, **astringente**, **désaltérante**, **diurétique** et **digestive**, au regard notamment de l'amidon, et elle représente un excellent remède pour combattre l'inappétence, l'azotémie élevée, les dérangements gastriques et intestinaux. Elle est riche en **vitamines** (A, B1, B2, B6, C, E, K et PP) et en **sels minéraux** (bore, calcium, fer, phosphore, iode, magnésium, manganèse, cuivre, sodium, zinc, soufre). Les tomates, étant riches en potassium, sont idéales pour ceux qui pratiquent une activité sportive, puisqu'elles préviennent les crampes musculaires. Les feuilles de tomate hachées et appliquées sur la peau sont un remède contre les piqûres d'insectes.

Soins de culture

▪ L'**irrigation**, à effectuer uniquement par infiltration latérale, doit être modeste pendant les phases initiales de la culture jusqu'à la formation des petits fruits. Ensuite, continuez à fournir peu d'eau, mais avec une plus grande fréquence, pour éviter la gerçure des fruits.

▪ Le **buttage**, opération qui consiste à rapprocher la terre autour de la base de la tige, provoque la propagation de nouvelles racines en surface, qui améliorent

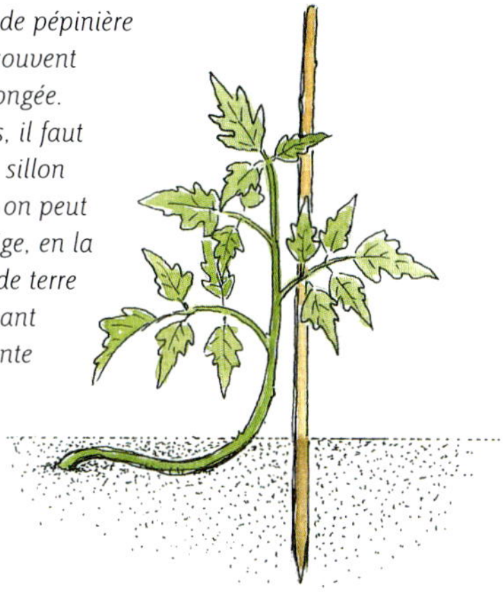

Les plantes de pépinière présentent souvent une tige allongée. Dans ce cas, il faut préparer un sillon dans lequel on peut étendre la tige, en la recouvrant de terre et en attachant la jeune plante à un tuteur.

l'absorption de substances nutritives et la stabilité des plantes.

▪ Le **pincement** fortifie les ramifications latérales, qui produiront des fruits, et l'**ébourgeonnage** élimine les pousses qui volent de la nourriture, sans aucune utilité pour la production.

Récolte

La récolte commence pendant l'été, dans les dix premiers jours de juillet, et se poursuit jusqu'aux premiers froids. Détachez les tomates délicatement, en les tournant sur le pétiole pour éviter d'endommager les fruits voisins et la végétation. Pour 10 m² de terrain, on peut obtenir en moyenne 40 à 50 kg de tomates.

Prévention des maladies

Oïdium, septoriose Respectez les distances de repiquage ; limitez les fertilisations azotées ; ne baignez pas les feuilles ; employez le paillage avec des toiles plastiques ; si nécessaire, traitez avec de l'oxychlorure de cuivre-20 (70-90 g/10 l d'eau) jusqu'à 20 jours de la récolte.

Pucerons Intervenez avec des produits à base de pyréthrines naturelles (6-8 g/10 l d'eau) en cas d'attaques massives.

Virus Pour les prévenir, on peut avoir recours à des variétés résistantes comme *Fandango* et *Carmello*.

Nématodes Effectuez des rotations de 3 à 4 ans avant de cultiver de nouveau des tomates. Les variétés *Fandango* et *Carmello* sont moins attaquées par des nématodes.

oïdium sur fruit et feuille

Variétés de table

CLASSIQUE *Montecarlo, Carmello, Ace, Fandango, Saint Pierre.*

À FRUITS MÛRS *Luana, Rita, Monika, Italico, Brio, Durinta.*

CERISE *Naomi, Cherelino.*

INDUSTRIELLE *San Marzano, Roma, Earlymech, Earlypeel.*

Index des noms

L'index est consacré aux légumes indiqués dans le texte. Les pages de citation à l'intérieur des légendes sont indiquées en *cursive*, et celles faisant référence aux fiches sont indiquées en **gras**.

A

B

C

D-E